Friedrich Theodor Lademann

Kirchengeschichte der Stadt und Herrschaft Cottbus in der Niederlausitz

Friedrich Theodor Lademann

Kirchengeschichte der Stadt und Herrschaft Cottbus in der Niederlausitz

ISBN/EAN: 9783743691650

Hergestellt in Europa, USA, Kanada, Australien, Japan

Cover: Foto ©Lupo / pixelio.de

Weitere Bücher finden Sie auf **www.hansebooks.com**

Kirchengeschichte

der

Stadt und Herrschaft

Cottbus

in der Niederlausitz.

Cottbus, gedruckt in Kühn's Officin.
1798.

A. Allgemeine Nachrichten.

I. Von den ersten Bewohnern hiesiger Gegend und ihrem Heidenthume.
II. Die vielmaligen Versuche sie zum Christenthume zu bekehren.
III. Der Zustand der christl. Religion bis auf die Zeit der 1537 eingef. Ref.
IV. Die Reformation, und wie es bis Ausgang des 17ten Jahrhunderts mit der Religion und der Kirche gestanden.
V. Neuere Kirchengeschichte des 18ten Jahrhunderts.

1) Wie den Reformirten eine Kirche zu ihrem Gottesdienste angewiesen worden.
2) Der Pietismus und Herrnhutianismus.
3) Die 3 Reformationsfeste.
4) Die Ankunft der Salzburger.
5) Die Catechisation und Schulanstalten.
6) Der Gottesdienst auf Sonn- und Festtage.
7) Beichte und Communion.
8) Taufe und Kirchengang.
9) Aufgebot, Trauung.
10) Begräbnisse u. Ceremonien dabey.
11) Kirchenbuße.
12) Kirchenvisitationen.
13) Gnadenjahr und Circularpred.
14) Von der wendischen Sprache.

B. Specialnachrichten von den Kirchen, Schulen und Lehrern zu Cottbus.

1) Ihr Zustand u. Lehrer, als Inspect. u. Diac. Vorsteher und Organisten.
   a) Die deutsche Kirche zu Cottbus.
   b) Die Klosterkirche und ihre Lehrer.
   c) Die reformirte Kirche.
   d) Die Stadtschule und dabey Rectores, Conrectores, Cantores, Auditores, u. Quinti.
   e) Waisenhaus.
   f) Hospital.
   g) Begräbniskirchen.
2) Die Kirche zu Peiz und ihre Lehrer, als: Oberpfarrherrn, Diaconi, Rectores und Cantores. it. Die Garnisonkirche.
3) Landkirchen und ihre Lehrer nach alphabetischer Ordnung: 1) Brettchen. 2) Briesen. 3) Burg. 4) Comptendorf. 5) Dissen. 6) gr. Döbbern. 7) kl. Döbbern. 8) Jenischwalda. 9) Kahren. 10) Kalkwitz. 11) Kolkwitz. 12) Laasow. 13) Leuthen. 14) Ließkow. 15) Madlow. 16) Papitz. 17) Petershain. 18) Schorbus. 19) Ströbitz. 20) Stradow. 21) Turnow. 22) Werben. — Hänchen, gr. Lübbenau und Ressen.

Borerinnerung.

Da manche längstens ein Verlangen geäußert haben, eine Geschichte von der Stadt und Herrschaft Cottbus, und vornehmlich was die Kirchen und derselben Lehrer betrift, zu sehen, so habe ich, da ich ein gleiches Verlangen empfand, mir alle Mühe gegeben, bey jeder Gelegenheit etwas auszuforschen, um solches bey diesen Nachrichten nach meinem Plane zu benutzen. In den 10ten und folgenden Heften des geographischen Magazins, welches zu Dessau der Herr Magister Fabri herausgegeben, ist etwas von diesen Gegenständen bereits bekannt gemacht worden. Der ehmalige berühmte Rektor Grosser zu Görlitz hat zwar in seinen Lausitzischen Merkwürdigkeiten, sowohl von diesen, als auch die Nachrichten, welche der 1772 verstorbene fleißige Conrektor Seeger zu Cottbus, in einem 1748 herausgegebenen Programmate ausdrücklich erwähnt und mit aufgeführt: Es hat sich aber Jener, was die Nachricht von den Lehrern betrift nur auf die Inspectores und Rektores zu Cottbus eingeschränkt, und dieser neben den Inspectoren kürzlich die Diakonen, der deutschen Kirche angezeigt. Von den übrigen Kirchen .. er Lehrern zu Cottbus, Peitz und auf dem Lande, ist noch gar keine Nachricht vorhanden. Diese bis jetzt noch fehlenden Nachrichten habe ich deswegen aus den Kirchenschriften hiesiger Gegend mühsam zusammen gesucht, und dadurch Grossers und Seegers Nachrichten um ein Merkliches erweitert. Gleichwohl aber kann ich auch diese erweiterte Nachrichten nicht als ganz vollständig ausgeben. Bey den langwierigen Unruhen des 30 jährigen Krieges, wie auch bey den öfters erfolgten Brandschäden, welche viele Kirchen und Predigerwohnungen betrafen, sind die mehresten von den Alten aufgesetzten Nachrichten verlohren gegangen. Dahero ist schwerlich eine vollständige Geschichte wie man sie wünscht, herauszubringen. Indessen habe ich, alles was ich noch Sicheres vorgefunden, treulich aufgesetzt. Gern überlasse ich es Andern, die etwan noch aufbewahrte Geheimnisse und Nachrichten zurückhalten, solche bey dieser guten Gelegenheit bekannt zu machen, und ich werde, wenn die von mir noch nicht völlig ausgefüllten Fächer der Geschichte damit ergänzt werden könnten, vollständigere Nachrichten aufzufinden, mir äußerst angelegen seyn lassen. Was ich hier geschrieben habe, ist überhaupt für das Publikum geschrieben, welches größtentheils aus solchen Personen besteht, die von Profeßion keine Gelehrten, viele aber doch Liebhaber der Geschichte ihres Orts und Aufenthalts sind. Um derer willen sind besonders im ersten Theile bey den Religionsnachrichten manche, den Predigern und Gelehrten schon bekannte Dinge mitangeführt. Es sind auch wo es nöthig gefunden worden, die Quellen angezeigt, woraus diese Nachrichten geschöpft sind. Weil es auch Vielen lieb ist, wenn sie von ihren Vorfahren und Geschlechtsverwandten Nachricht haben können, so habe ich bey manchen Lehrern, von denen sicher aufzufinden war, wer ihre Eltern, Gattinnen und Nachkommen gewesen und wohin diese versorgt worden, bemerkt und angezeigt. Sollten ja in dieser Geschichte bey der so mühsamen Sammlung von zerstreuten Nachrichten dabey ich Vieles errathen mußte, historische Fehler mit untergelaufen seyn, so werden sie hoffentlich unter die Fehler gehören, welche durch ein aufrichtiges Geständnis leicht wieder gut gemacht werden können. Madlow bey Cottbus, 1798.

Friedrich Theodor Lademann, Prediger zu Madlow.

Anmerkung für Sachverständige:
Da man auf ausdrückliches Verlangen des Herrn Verlegers, um die Seitenanzahl zu verringern, und den Preiß dieses Werkchens den Liebhabern desto niedriger zu machen, jeden Raum benutzen mußte, so hat man auf die schickliche Eintheilung der Seiten, keine Rücksicht nehmen können.   Kühn.

Sowohl die Semnonen, die bereits 400 Jahr vor Christi Geburt sich in der Niederlausitz niedergelassen, als auch die nach ihrem Abzuge hergekommenen Wenden oder Sorben (Sorabi) waren Heiden. Von jener Glaubenslehren und Religionsgebräuchen läßt sich aus Mangel hinlänglicher Nachrichten nicht viel melden, ausser daß sie ihre Todten verbrannt, und die Asche in irrdene Töpfe oder Urnen vergraben, dergleichen Urnen auch öfters in hiesiger Gegend gefunden werden. Tacitus ein Geschichtschreiber rühmt von ihnen: daß sie in ihrem Gottesdienste vernünftig, und in ihrer Aufführung bey Friedenszeiten ziemlich gesittet gewesen. Von den Wenden findet man aber in der Geschichte mehr Nachricht. Sie erkannten einen Gott, den sie in ihrer Sprache Bohg nannten, und ihm zum Unterschiede der andern Götter die Namen: ten neuhusch i, das ist, der höchste und größte, beilegten. Sie bildeten sich aber wie die andern Heiden von diesem Gotte ein, daß er sich in steter Ruhe befände, und sich um andere Dinge, besonders um Kleinigkeiten, gar nicht bekümmere. Daher glaubten sie eine Menge Götzen, die von diesem höchsten Wesen herstammten, und in seinem Nahmen für die Geschöpfe sorgen müßten. Die Menge der Götzen wurde in fünf Classen getheilt. (In Johann Christian Knauts Kirchengeschichte der Lausitzischen Wenden ist mehr Nachricht davon zu finden.) Ich will nur hier die Götzen die in der Niederlausitz verehrt wurden, kürzlich anführen. Solche waren: 1) Hertum, d. i. die Erde. Von diesem Götzen glaubten die Wenden, daß er alles fruchtbar mache, und das Thun der Menschen regiere. Er war nichts anders als bey den Egyptern Iſis oder Iſoris, und sein Bildnis war in Gestalt einer alten Frau mit einem weiten Rocke voller Kräuter und Blumen. In der einen Hand hatte sie einen Schlüssel, damit sie die Erde auf und zuschloß, und in der andern Hand einen Zepter, damit sie alles regierte. Man hat diesen Götzen in Gestalt einer Kuh abgebildet, desgleichen eines Frauenzimmers mit Kuhhörnern. Der Sitz dieses Götzen war im Spreewalde, an einem mit viel Buschwerke umgebenen Orte, welcher

cher Ort so heilig gehalten wurde, daß sich ausser den Priestern kein Mensch unterstehen durfte dahin zu nahen. Die Bewohner des Spreewaldes haben daher noch lange Zeit, nach angenommenem christlichen Glauben eine abergläubische Hochachtung gegen diesen Ort behalten.

2) Swetowiz, d. i. eine heilige Sache. Hierunter meinten die Wenden die Sonne und das Feuer, wodurch alles erwärmt und hervorgebracht würde. Es wurden Bildnisse in Gestalt eines halben Menschen mit einem feurigen Rabe und strahlendem Gesichte, diesen Götzen abzubilden, aufgestellt.

3) Siva, eine Göttin des Lebens, von dem Worte: Juwi, lebendig. Diese Göttin hielt in ihrer Stellung ihre linke Hand auf den Rücken, und in der rechten Hand eine Weintraube mit einem Blatte.

4) Jutrobohg, das ist der Morgengott. Daher kömmt der Morgenwunsch: Jutro in der Oberlausitz, und in der Niederl.: Dobretscho.

5) Pascetus, der die Aufsicht über die geheiligten Bäume hatte, und in grossen Ehren gehalten wurde. Man opferte ihm Brod, Butter und Käse.

6) Flinz, Wlinz. Dieser Nahme soll von dem Worte Flins, einem harten Steine herkommen. Andere leiten es von dem Worte flinzeu vulgorare her. Nach Anderer Meinung soll es von dem Namen eines Königs der Obotriten Fizlau, oder Flizau, herrühren. Grosser in seinen Lausitzischen Merkwürdigkeiten beschreibt dieses Götzen Gestalt also: Er sey wie der Tod in schwarzen Haaren gebildet, nackend und mit einem langen rothen Mantel bedeckt gewesen. In der rechten Hand habe er einen langen Stab, eben mit einer Schweinsblase; auf der linken aber einen Löwen gehabt, von welchem die verblendeten Leute geglaubt, daß es der Löwe aus dem Stamme Juda sey, und daß er die Todten auferwecken werde. Mannlius sagt: er habe auf dem Stabe eine kleine Korngarbe gehabt. Und die Anales Budißen. melden: es sey eine rauchende Opferschaale gewesen. Einige entwerfen auch
diesen

diesen Flinz wie ein kurzes und dickes gekröntes Götzenbild, welches an Händen und Füßen Klauen gehabt. Die Wenden verehrten überal diesen Flinz, und in hiesiger Gegend soll er besonders in der Haide bey Kolkwiß, und zu Mablow an der Stelle, wo anjetzo die Kirche steht, aufgestellt gewesen seyn.

7) **Behlebohg**, das ist: der weisse Gott, von dem sich die Wenden bey ihrem Vornehmen alles Gute und Glück ausbaten.

8) **Zarnebohg**, d. i. der schwarze Gott, von dem alles Böse und Unglück herkommen sollte, und er wurde darum verehret, daß er ihnen nichts Böses anthun möchte.

Ausser diesen Götzen waren nun noch viele kleine Feld-, Wasser- und Waldgötzen oder Geister. Zu den Feldgötzen gehörten 1) **Pschespolnija**, der Geist der im Vormittage regierte, und 2) **Dopolnija**, in Gestalt einer schmutzigen Frau, die zur Nachmittagszeit ihr Wesen trieb. Sie erschienen denen, die in den Mittagsstunden allein auf dem Felde waren. Man hält dafür, daß solche Götzen unter dem Zarnebohg stünden, daher fürchteten sie sich sehr vor ihnen, und nannten sie **Strojba**, d. i. Schreckenbild. Der Uebersetzer des wendischen Liedes: Allein Gott in der Höh sey Ehr ꝛc. hat ohne Zweifel bey Uebersetzung der Worte: All Fehd' hat nun ein Ende, Scha Strojba net jo sajschla ꝛc. darauf gesehen. Weil die alten Wenden von dem Paradiese gehört, und von den Erscheinungen Gottes, die den Patriarchen in den Wäldern geschehen; so stellten sie auch ihre Götzen in den Wäldern und an den Flüssen auf, ohne ihnen kostbare Tempel zu bauen, da sie nicht die Baukunst verstanden, noch vom Bau etwas hielten. Unter den Bäumen waren ihnen Eichen und Linden heilig, und darunter hielten sie auch ihre Götzen verborgen. Die Flüsse waren ihnen bequem die Opfer zu reinigen und sich selbst zu waschen. Bey den Götzen waren ihre Gerichts- und Freystädte. Ihre Religionsdiener waren ten **Hudok**, d. i. ein Wahrsager, Prophet, ten **Wischzar**, das ist ein Weissager, und **Koslar**, das ist, ein Beschwörer und Zauberer. Diese Diener richteten unter mancherley Gebeten die Opfer zu, und damit sie ein recht ehrwürdiges Ansehen hätten, trugen

gen sie lange Bärte: In zweifelhaften Fällen mußten diese Priester bey den Göttern um Rath fragen, und nach diesem Ausspruche richtete man sich aufs genaueste. Weil man von Schulen damals noch nichts wuste, so hatten auch die Priester den Unterricht Anderer zu besorgen. Wenn Gesandten an Könige und Fürsten geschickt wurden, so wurde dieses Geschäfte ebenfalls den Priestern aufgetragen. Der siebente Tag in der Woche war gleichwie bey andern Völkern der zum Gottesdienste bestimmte Tag, und wurde daher von der gewöhnlichen Benennung, Sabbath, ta Sjobata, genannt. Ausser diesem feyerten sie auch noch manche andere Feste, als das Frühlings, das Erndtefest. Den Götzen dienten die Wenden mit der größten Ehrerbietung, so, daß sie nur von ferne stehen blieben, beym Gebet zur Erde fielen, und alle Sachen mit bemüthigem Gebete vornahmen. Zum Opfer brachten sie den Götzen allerley, als: Schaafe, Ochsen, Fische, Getraide, Brod, Butter und Käse, wie auch Menschen, welche sie im Kriege zu Gefangenen gemacht hatten. Diese schlachteten sie, saugten ihnen das Blut aus, und das Uebrige opferten sie den Götzen. Was vom Opfer übrig blieb, wendeten sie zum Gastmahl an, wie Paulus auch sagt 1 Cor. 10, 27. Nach einiger Meinung soll hievon die Gewohnheit, Schwarzfleisch zuzurichten, herkommen. Durch das Blut, welches sie von dem Opfer tranken, glaubten sie in eine nahe Gemeinschaft mit den Götzen zu kommen. Von der im Kriege gemachten Beute bekamen die Götzen gemeiniglich den dritten Theil. Die Ceremonien ihrer Religion waren seltsam. Nur derer bey Leichen zu gedenken: Wenn sie einen Todten begruben, so legten sie ihm ein Brod an die Baare, machten ein Kerze so lang als die Leiche war, und setzten selbige angezündet auf das Brod, und opferten sie hiemit den höllischen Geistern. Wenn die Leiche zu Grabe getragen wurde, so nahmen die Begleiter Larven vor das Gesicht, stellten sich wunderlich und sprangen in die Höhe. Wann sie nun von dem Begräbnisse wieder nach Hause giengen, so nahmen sie Holz, Steine, oder was sie vorfanden, warfen es rückwärts über den Kopf, und sahen sich nicht mehr um. Doch war die Gewohnheit noch schändlicher, wenn einige die alten abgelebten Leute ins Wasser warfen, oder auf andere Weise

ihrem

ihrem Leben ein Ende machten. Sonst begruben sie ihre Todten in Wäl‑
bern, auf den Feldern, und blieb solches lange Zeit in Gewohnheit. Da‑
her auch der Bischof Otto zu Bamberg bey seinem Bekehrungsgeschäfte in der
Niederlausitz solches verbot. Da nun dieser Leute Religion heydnisch war,
so war auch ihr Wandel heydnisch. Sie werden von den Geschichtschreibern
sehr häßlich geschildert, als Untreue, Unbeständige, Lasterhafte ꝛc. und nach
damaligen Lateine heißt sie ein Gewisser: Unetreuios, infideles et im‑
mutabiles. Ausserdem ward ihr Character so vorgestellt: Venetus est,
sine pi, sine pu, sine con, sine veri i. e. sine pietate, pudore,
conscientia, veritate. Doch wie unter allen Nationen einige billiger und
besser sind als andere, so findet man auch von manchen heydnischen Wenden
dieses und jenes Gute aufgezeichnet: daß sie ihre Eltern, Obern und Prie‑
ster hochgehalten, gegen Reisende und Fremde gastfrey, und gegen Arme
wohlthätig gewesen sind. Der schwere Druck unter welchen sie bisweilen gesetzt
wurden, hat sie denn so aufgebracht, daß manche eine so schlechte Anführung
angenommen hatten.

II. Die vielmaligen Versuche der christlichen Regen‑ ten, die Wenden zum Christenthume zu bekehren.

Kayser Lotharius II. schickte schon im siebenten Jarhundert bey Er‑
bauung des Klosters zu Chemnitz Mißionarien in die Niederlausitz. Man
findet aber nicht Nachricht, daß etwas ausgerichtet worden. Kayser Carl
der Große, welcher 771 die kayserliche Krone bekam, suchte gleichfalls
recht ernstlich die Bekehrung der hiesigen Wenden zu veranstalten, aber er
richtete auch bey sehr Wenigen etwas aus, und die ganze Bekehrung die bey
einigen glückte, bestand nur in Annehmung äußerlicher Ceremonien, die
aber auch nicht lange beybehalten wurden. Denn, sobald die Wenden Luft
bekamen, so trieben sie die vom Kayser vorgesetzten christlichen Priester fort,
oder schlugen sie gar todt. Hiezu trugen die noch heimlich versteckten heyd‑
nischen Priester viel bey. Im 10ten Jahrhundert griff der Kayser Hein‑
rich der Vogler, die Sache wieder an. Als er 930 Cottbus zu erbau‑

en anfieng, und von den auf dem Lande wohnenden Wenden die 9te Person von beyderley Geschlechte in die Stadt zu ziehen, zwang, und sie dadurch mit denen in der Stadt wohnenden christlichen Bürgern in Verbindung setzte, so suchte er dadurch die Bekehrung zum Christenthume zu befördern. Es schien auch die Bekehrung auf diese Weise einen beßeren Fortgang zu haben, aber es war auch nicht von langer Dauer. Denn als der Niederlausitzische Marggraf Gero 30 wendische Edelleute, die ihm als Aufwiegler bekannt waren, hinrichtete, so entstand unter den gesamten Wenden eine gefährliche Rebellion, und es wurden ihnen die Deutschen und auch die christliche Religion unerträglich. Der damalige Bischof zu Meißen suchte nun durch gütlichen Vergleich die Unruhen zu stillen, und brachte auch einige wendische Edelleute auf seine Seite, daß sie sich zur christlichen Religion bequemten, ja gar Stiftungen machten; dennoch aber wurde der Sache dadurch nicht gänzlich geholfen. Denn einige Jahre nachher erregte folgende Begebenheit eine neue Feindschaft wider die Deutschen und die christliche Religion: Es hatte der wendische Fürst Mystevojus um eine sächsische Prinzeßin angehalten, aber darauf diese anzügliche abschlägige Antwort erhalten: Man würde keine sächsische Prinzeßin einem wendischen Hunde geben. Hierdurch wurde nun die gesamte wendische Nation, die sich damals sehr weit ausbreitete, dergestalt in die größte Erbitterung gesetzt, daß sie sich der deutschen Herrschaft und auch der christlichen Religion zu entledigen und sie auszurotten suchte. Der Kaiser Heinrich suchte nun zwar durch seine Gewalt diese Unruhen zu dämpfen, und es mußten auch die Wenden inne halten, aber gleichwohl blieb bey ihnen der Haß gegen die Deutschen und die christliche Religion tief eingewurzelt. Einige Zeit nachher wiegelte der Pommerische Fürst Swantibor durch ein Ausschreiben die gesamte wendische Nation wider seine Feinde auf. In dieser Unruhe wurde Cottbus und viele andere Städte verwüstet, die darinnen befindlichen Deutschen ermordet, und es schien als ob nun die Wenden auch das Christenthum vom Erdboden vertilgen würden. Als nun diese Unruhen wieder gestillt waren, so wurden die verwüsteten Städte wieder gebaut und mit deutschen christlichen Einwohnern besetzt. Nach Cottbus kamen viele dergleichen Einwohner aus den Niederlanden, und die hier befindlichen Wenden waren ziemlich durch Schärfe gedemüthiget worden.

Fol-

i

Folgende Begebenheit die Zacharias Rivander, Superintendent zu Forsta in der Genealogie derer Herren von Bieberstein aus Forsta erzählt, ward auch eine gute Gelegenheit zur Beförderung der christlichen Religion in hiesiger Gegend. Als 1173 der Kaiser Friedrich Barbarossa zu Goslar Hof gehalten, habe er zwey christliche Ritter von seinem Hofe, den Abraß von Mezrad, und Wolf von Seelhausen zu dem Boleslaus von Biberstein auf Forsta, welcher noch der heidnischen Religion zugethan gewesen, gesandt, um ein streitiges Stück Land zu untersuchen. Da diese beiden Ritter sich zu Forsta aufgehalten, haben des von Bieberstein beiden Töchter, Lamina und Lucia eine Neigung gegen beide Ritter geäußert, und solche durch eine Kammerfrau den Rittern zu entdecken gesucht. Hierauf haben beide Ritter geantwortet: daß sie sich solches für ein Glück schätzen würden, wenn es nur nicht das Heidenthum hinderte. Die Frauenzimmer haben dann zu erkennen gegeben, daß sie ihren Vater zur Annehmung der christlichen Religion überreden wollten. Es soll solches auch bald glücklich und mit gutem Erfolg geschehen seyn, daß sie sich alle haben taufen lassen und sich öffentlich zur christlichen Religion bekannt, und sey auf diese Weise die Heirath geschlossen und vom Kaiser bestätiget worden. Durch dieses schöne Beispiel soll bey vielen Andern der christlichen Religion ein guter Eingang verschaft worden seyn. Hinter Altforste soll nachher zu Anfange des 13ten Jahrhunderts eine christliche Capelle dem h. Buolaus zu Ehren erbaut worden seyn, dabey sich Einsiedler gesetzt, und haben manche Wenden ihre Wallfahrten dahin gehalten. Da nun die bisherigen Unruhen gedämpft waren, so fieng man auch nach und nach an in hiesiger Gegend Capellen zu bauen, legte Mauern um dieselbigen, damit der darinnen verrichtete Gottesdienst von denen annoch heidnisch gesinnten Wenden nicht gestört würde. Den Namen Capelle bekam eine Kirche in welcher nicht geprediget, sondern nur Messe gelesen wurde. Filial ward eine Kirche genannt, welche keinen besondern Pfarrherrn hatte, sondern von dem benachbarten Pfarrherrn verwaltet wurde. Eine Kirche aber, so einen eigenen Pfarrherrn hatte, ward Mater genannt. Das Wort Messe hatte daher seinen Ursprung: wenn bey den ersten Christen Gesang und Predigt geendiget war, und darauf das heilige Abendmahl gehalten werden sollte, so kündigte man dieses mit diesen lateinischen Worten an: Missa est concio, d. i. Nun ist die Predigt geendiget. Missa ward deutsch genannt Messe, und die Wenden nannten es Mscha. Der Bambergische Bischof Otto war unter allen, welche die heidnischen Wenden zum Christenthume zu bringen gesucht hatten, in seinem Bekehrungsgeschäfte am glücklichsten. Als er zu Anfange des 12ten Jahrhunderts nach Pommern reißte, um die Heiden zu bekehren, so kam er durch die Niederlausitz und suchte allhier durch seine Predigten und Geschenke die Wenden zu gewinnen. Er hatte eine ungemeine Beredsamkeit und war dabey sehr freigebig. Er führte stets viel Wagen mit Victualien, Tuch und dergleichen beladen, bey sich, womit er den Wenden Geschenke machte. Nach diesem Exempel, welches mehr als harte Befehle und Strafen ausrichtete, suchten denn auch Andere die Wenden zu gewinnen, daß sie doch äußerlich sich besser gegen das Christenthum bezeigten. Und so erhielt denn nach und nach das Christenthum bessere Aufnahme. Die Hauptursache weshalb sich die heidnischen Wenden so widerspenstig gegen die christliche Religion erwiesen, waren theils die Vorurtheile, als ob ihnen die christliche Religion die Freiheit benähme und ein Mittel zu ihrer Unterdrückung würde; theils aber hatte auch die grosse Härte der Christen gegen sie ihren Antheil an dieser Widerspenstigkeit. Eben so war ihnen das auch ungewohnt, daß sie, da sie sonst auffer im Kriege, keine Regenten hatten, jetzt sollten dem Kaiser, den Marggrafen und Rittern unterthänig seyn, und sich von ihnen hart behandeln lassen. Endlich, daß sie und ihre Sprache verachtet wurde, ja daß sie sich gar zur Ablegung derselben, als eines kostbaren Kleinodes verstehen sollten. Das Meiste und Beschwerlichste war wohl, daß sie schwere Gaben geben sollten.

III. Der Zustand der christlichen Religion bis auf die Zeit der Reformation.

Was die christlichen Kirchengeschichten von den Zeiten des 10ten Jahrhunderts bis in die erste Hälfte des 16ten Jahrhunderts melden, hat man auch auf hiesige Gegend zu deuten. Ueberhaupt wird gemeldet, daß eine grosse

groſſe Finſternis und Unwiſſenheit geweſen, ſo daß unter andern Kaiſerlichen Befehlen auch dieſer bekannt gemacht wurde: daß keiner Gevatter ſtehen ſollte, wenn er nicht das Apoſtoliſche Glaubensbekenntnis und das Vater Unſer beten könnte. Bey ſolcher Unwiſſenheit nahm nun der Aberglaube immer mehr und mehr zu, und äuſſerte ſich ſolcher in den ſeltſamſten Dingen. Die Wallfahrten an heilige Oerter, beſonders in das gelobte Land, wurden allgemein als ein Stück des thätigen Chriſtenthums angeprieſen, dadurch man Vergebung der Sünden erlangen könnte. Aus hieſiger Gegend hielten ſich Viele mit ihren Wallfahrten zu den Marienbildern, die in der Oberlauſitz zu Uhyſt, Eulewitz u. ſ. w. befindlich waren. Auch mancher junge Menſch lief dem Creuzzuge in das gelobte Land nach.

Im 13ten Jahrhundert trat endlich die Zeit ein, daß bey den Wenden die chriſtliche Religion in Anſehen kam. Die Ordensleute wuſten ſich durch ihre vorgegebene Heiligkeit in gute Achtung zu ſetzen. Man fieng an Kirchen und Capellen zu bauen. Es waren auf dem Lande viele aus Sachſen, Franken und Böhmen eingeführte und mit Gütern belehnte Ritter, und auch andere anſehnliche Perſonen bürgerlichen Standes. Alle dieſe ſuchten, ſobald ſie Conceßion erlangten, Kirchen oder Capellen aufzubauen. Der Kirchen waren anfänglich nur wenige, und dieſe hatten ſehr weitläuftige Kirchenſprengel. Den weit abgelegenen Dörfern ward Erlaubnis ertheilt Capellen aufzubauen, darinnen aber nur Meſſe geleſen und Betſtunden gehalten wurden, und die bey den eigentlichen Kirchen angeſetzten Pfarrherren ſchickten ihre Capläne, die Meſſen und Betſtunden in den abgelegenen Capellen zu verrichten. Hingegen wurden die Copulationen, Taufen und Communionen an die eigentlichen Kirchen gewieſen. Die erſten dergleichen Kirchen, als Hauptkirchen hieſiger Gegend waren zu Werben, Großließkow, Papitz, Kollwitz und Schorbus, wie ſolche auf einer Landcharte von dem Zuſtande hieſiger Gegend im 12ten und 13ten Jahrhundert mit einer Kirche angezeichnet ſtehen. Die Pfarrherrn ſolcher Kirchen hatten den Titel Plebanus, welches ein Geiſtlicher iſt, nicht nur, der in Städten an Cathedralkirchen im Amte ſteht, ſondern auch ein Pfarrherr auf dem Lande, der dem Volke (plebi) die Sakramenta reicht. In dem bekannten Päbſtlichen Bannbrief wider den

Kaiſer

Kaiser Ludwig Bavarus, sind auch die Plebani obgedachter Kirchen Cottbusischen Kreises mit angeführt und wurden vom Gehorsam und Respekt gegen den Kaiser losgesprochen. Wenn die Anzahl der Christen bey einer Capelle bis an 10 Familien heranwuchs, so bekam solche Capelle das Recht einer Kirche, und die Kirche und der Pfarrherr, wohin sich bisher die neuerwählte Gemeinde gehalten, bekam dafür eine Erstattung an Zinsen, Wiesen, Decimen und Holz. Daher kommt es, daß noch aus einem Dorfe und Gemeinde wo keine Kirche ist, dennoch an eine andere Kirche und Pfarrherrn, Zinsen und Decimen angewiesen sind. Ueberhaupt, die vorhero angewiesene Decimen und festgesetzte Abgaben blieben. Ueberdem behielten auch die alten Kirchen den Vorzug, daß deren Priester die Aufsicht über die Priester der neuen Kirchen hatten, und ihnen die bischöflichen Verordnungen bekannt machen mußten.

In den letzten Jahren des 13ten Jahrhunderts legten Richard von Cottbus gleich andern Städten das Closter an. Vor dem Sandowschen Thore bekamen auch die sogenannten Creuzherren ihren Sitz. Ausser diesen war auch die Gesellschaft der Calandsbrüder, die für die Armen sorgten. Desgleichen lieset man von einer Gesellschaft Fraternitatis corporis Christi, die bey den Todten geschäftig waren und gleichsam ein Collegium charitativum vorstellten.

Im 14ten Jahrhundert nahm die grosse Unwissenheit in der Religion mehr und mehr zu, es konnte auch nicht anders seyn, da die Jugend weiter nichts als die 3 Artikel und das Vater Unser lernte. In den Kirchen wurde selten, und auf dem Lande nur jährlich einmal, und zwar an dem Kirchmeßfeste, geprediget. Die Hauptverrichtung des Gottesdienstes war das Messe lesen. Die Wenden nannten die Messe in ihrer Sprache ta Mscha, und den Priester Meschnick, daher kommt das noch gebräuchliche Wort na Mschu hisch, zur Kirche gehen. Ausser der Bibel, welche die Wenigsten lesen konnten weil sie nicht lesen gelernt hatten, wie auch wegen des Verbots, nicht lesen durften, wurde weiter nichts als die Evangelia und Episteln beym Gottesdienste bekannt gemacht. Das Closterleben, die Verdienste und Fürsprache der

Heiligen

Heiligen bekam immer mehr und mehr Ansehen. Die Einwohner hiesiger Gegend hielten sich besonders an die Mutter Maria, an die beiden Apostel Petrus und Paulus, und sonsten an andere Heiligen, denen ihre Kirchen gewidmet waren. Für die armen Wenden sahe es besonders um den Unterricht im Christenthume schlecht aus, weil die Priester nicht Wendisch verstunden. Indessen suchte man zu der Zeit diesem Mangel in etwas abzuhelfen, da bey dem Kaiser Carl IV. die wendische Sprache in grosse Hochachtung kam, daß er sogar anrieth, es möchten die Churfürsten zu Sachsen und Brandenburg wegen ihrer wendischen Unterthanen die wendische Sprache erlernen. Dieses verursachte, daß auch die Bischöfe die bey den Wenden im Amte stehenden Priester anhielten, sich mit dieser Sprache bekannt zu machen. Man findet aber nicht, daß zum Besten der Wenden in ihrem Unterrichte viel Gutes daraus erfolgt wäre. Durch die im 15ten Jahrhundert entstandene Bewegungen der Hußiten in Böhmen mag vielleicht mancher in hiesiger Gegend zum Nachdenken im Guten gekommen seyn, da besonders der damalige Herr von Cottbus ein heimlicher Anhänger von ihnen war. Es suchten aber die Päbstlichen Mißionarien die überall herum geschickt wurden, es zu verhindern, und besonders wurde Johann Capistranus als Mißionair in die Niederlausitz in dieser Absicht geschickt. Dieser predigte in allen Städten, die Leute vor der Hußiten Lehre zu bewahren. Weil er aber in seinen Predigten seltsame Dinge vorbrachte, so trieben Viele ein Gespötte damit. Nachher machten sich die Hußiten durch ihre Grausamkeit selbst verdächtig und verhaßt. Auch ist aus der Zeit des 15ten Jahrhunderts noch der Ursprung des löblichen Gebrauchs des Betglockschlagens anzumerken. Es hatte bereits der Pabst Johann XXII. Anno 1316 anbefohlen, daß täglich dreymal mit der Glocke ein Zeichen zum Gebet sollte gegeben werden, dabey sollte denn jeder niederfallen und Gott bitten, daß er die Gefahr wegen Einbruch der Türcken in Deutschland gnädig abwenden wolle. Zum Gebete ward angewiesen beym ersten Schlage 1 Mos. 13, v. 10: Herr ich bin zu geringe ꝛc. Beym zweyten Schlage, Luc. 18, v. 13: Gott sey mir Sünder gnädig. Und beym dritten Schlage, Psalm 143, v. 10: Herr lehre
mich

mich thun nach deinem Wohlgefallen. Die Betglocke, oder wie die Katolicken sagen, Ave Maria lauten, kam zu Muhamed III Zeiten auf, welcher Konstantinopel erobert hat, und welcher Johann Korvinus, unter dem Nahmen Hunniades bekannt, mit 10000 Mann zuvor zur See geschlagen hatte. Im Jahr 1456 bestätigte diese Gewohnheit der Pabst Calixtus III. und ward auch fast in der ganzen Christenheit eingeführt. Und noch wird solches Betglockschlagen feierlichst beybehalten und besonders auf dem Lande mit einem andächtigen Gebete beobachtet. Die Wenden haben dem Betglockschlagen den Nahmen Kline, von dem Worte, ßo poklanasch, auf die Erde fallen, desgleichen pschebiasch d. i. anschlagen, und dadurch ein Zeichen zum Gebet zu geben. Die letzte Benennung ist bey den Wenden in der Cottbusischen Gegend im Gebrauch.

IV. Die Lutherische Reformation, und wie es bis zu Ende des 17ten Jahrhunderts gestanden.

Dieses gute Werk geschahe zu Cottbus 1537. Ehe ich aber die Sache selbst vornehme, habe ich Folgendes, welches sich kurz vorhero allhier zugetragen, anführen wollen: 1503 wurde in dem Closter zu Cottbus eine grosse Versammlung von 700 Mönchen gehalten. Diese Nachricht steht fast in allen historischen Handschriften von Cottbus, aber in keiner stehet, weshalb diese Versammlung gehalten worden ist. Ich überlasse es dahero meinen Lesern hiermit zum eigenen weiteren Nachdenken. Vielleicht haben die schweren Geldforderungen die damals der Pabst Julius an Deutschland machte, diese Versammlung veranlasset? Wozu dann noch andere Dinge gekommen sind, worüber der geistliche und weltliche Stand damals gemeinschaftlich an hundert Beschwerden eingesandt hatte. Ferner ist aus dieser Zeit zu merken: Daß 1516 auf des Brandenburgischen Churfürsten Joachim Befehl die Frankfurther Universität wegen dort eingetretener Pest, nach Cottbus verlegt worden. Man kann aber nicht wissen, wie lange der Aufenthalt derselben in Cottbus gewesen ist, sintemal schon 1518 der bekannte Tezel zu Frankfurth unter dem D. Wimpeila zum Doctor creirt worden

den, es ist also die Universität zu dieser Zeit schon wieder in Frankfurth gewesen. Ich will mich nun näher zu der Erzählung des wichtigen Werks der Reformation verfügen. Die Gelegenheit zu dieser grossen Religionsveränderung, welche durch D. Luthern unter Gottes besonderer Regierung betrieben wurde, war wie bekannt, des Johann Tezels unerhörte Ablaßkrämerey. Dieser war von dem Erzbischofe zu Maynz und Magdeburg auf Päbstlichen Befehl verordnet, Ablaß, oder Vergebung der Sünden für Geld zu verkaufen, unter dem Scheine, daß solches gelößte Geld zur Erbauung der Peterskirche zu Rom und zum Türkenkriege verwendet werden sollte. Tezel hatte auch eine ungemeine Gabe seinen Kram den Leuten anzupreisen. Anfangs ward solcher Ablaßschein, desgleichen noch hie und da befindlich ist, für 10 pohlnische Gulden verkauft, nachher aber etwas wohlfeiler gegeben. Großer erzählt in seinen Lausitzischen Merkwürdigkeiten, daß Tezel bereits 1503 einmal mit diesem Krame durch die Lausitz gezogen. Im Jahr 1517 aber machte sein Aufzug noch größeres Aufsehen. Wenn er in eine Stadt kam, so ließ er ein Kreuz voran tragen, und die Päbstliche Bulle oder Befehl publiciren, dabey ihm denn unter Läutung aller Glocken die Geistlichkeit entgegen gieng. Wenn er zu Cotzbus seinen Einzug gehalten, melden die Nachrichten nicht. Als nun D. Luther zu Wittenberg sich diesem Dinge entgegen setzte, und einen richtigern Weg zur Vergebung der Sünden und Erlangung der Seligkeit aus der heiligen Schrift zeigte; so waren verschiedene Cottbußer Studierenshalber zu Wittenberg, die seine Lehre annahmen. Unter diesen war vornehmlich Johann Briesemann aus Cortbuß, aus dem Koweßlischen, anjetzt dem Prediger Krüger zu Dissen gehörigen Hause am Markte, gebürtig, (Briesemanns Leben befindet sich in M. Jenchii Conſp. Luſ. literatae und in mehreren Schriften.) welcher 1522 die sogenannte neue Lehre predigte. Sie bekam zwar bey vielen Zuhörern Beyfall, aber es traten auch dagegen viele Widersacher auf. Unter diesen zeichnete sich besonders Jacob Schwederich aus Ubigau gebürtig, ein Mönch des Klosters zu Cottbus, aus, welcher Briesemannen öfsentlich widerlegte und als einen abscheulichen Ketzer abmalte. Es ward auch bald an den Churfürst Joachim Bericht erstattet, darauf folgender Befehl

C einlief :

einlief: Daß keiner der lutherischen Lehre und Sekten anhangen, weder davon reden noch disputiren solle, sondern sich halten nach der löblichen Aussage der christlichen Kirche, mit den göttlichen Aemtern und Diensten, auch Fasten und Beten, und anders auch die Geistlichen und Kirchendiener ehren und in Würden halten. Es trug auch viel zu Briesemanns Unterdrückung bey, daß der bekannte theologische Professor D. Wimpina zu Frankfurth, Tezels Anhänger war, und in dessen Nahmen Luthers Sätze wider den Ablaß öffentlich widerlegte. Indessen behielt doch Briesemann viele Anhänger, und seine zu Cottbus gehaltene Predigt: Unterwesung und Vermahnunge Doctor Joh. Briesemanns der Minnen Brüder Orden, an die christliche Gemeine to Cottbus, 1523 4to, ist in der Wolfenbüttelschen Bibliothek schriftlich aufbehalten. Seckendorf urtheilet in seinem Buche: der Christenstaat, davon also: daß sie einen vortreflichen Inbegrif der evangelischen christlichen Lehre (insigne Compendium evangelicæ doctrinæ) enthalte. Briesemann durfte nun bey so bewandten Umständen nicht in Cottbus bleiben, sondern muste seinen Stab weiter setzen. Gott sorgte auch für ihn, daß er zu Königsberg in Preußen ein grosses Licht der evangelischen Kirchen ward. In Jöchers Gelehrtenlexico ist mehr Nachricht von ihm zu finden. So lange nun der Churfürst Joachim lebte, muste die öffentliche Religionsveränderung in Cottbus unterbleiben, obgleich manche ein groß Verlangen darnach hatten. Endlich da Marggraf Johann die Regierung über die Neumark überkam, so suchte er als ein ernstlicher Lutheraner die Reformation auch in Cottbus zu befördern. Joh. Lubekus und Joh. Manteuius, von welchen unten bey der deutschen Kirche nähere Nachricht vorkommen wird, wurden am Frohnleichnamstage 1537, als evangelische Lutherische Prediger öffentlich eingewiesen, und dadurch der öffentliche Päbstliche Gottesdienst ganz abgethan, und 1539 wurde zu Frankfurth auch solche Religionsveränderung vorgenommen. Die hier befindlichen Päbstlichen Geistlichen begaben sich meistens nach Prag, und nahmen ihre Kirchenschriften mit. Aller Anfang ist schwer. Das erfuhren auch diese beyden neuen evangelischen Lehrer, da sie von vielen annoch katholisch Gesinnten verachtet und heftig verfolgt wurden. Solches ist unter andern

aus

aus einem Briefe des Johann Mantellus an D. Luthern zu erkennen, darinnen er ängstlich klagt, und sich Trost ausbittet. Wenn Neuerungen aufkommen, pflegen nicht nur Wenden, sondern auch Andere stutzig zu werden, und wollen destomehr bey dem alten Herkommen bleiben. Dieses ist ebenfalls damals geschehen. Doch lieset man nicht, daß öffentliche Empörungen ausgebrochen, sondern sich manche über die evangelische Predigt zufrieden bezeugt haben. Dieses kann unter andern auch erkannt werden aus den damaligen Begrüssungen, womit sie sich bey dem Ausgange aus der Kirche begrüßten: Witajscho sBohjego Sslowa, d. i. Seyd willkommen aus Gottes Wort, darauf der Andere mit eben diesen Worten dankte. Es wurden nun bald auf dem Lande neue Lehrer bestellt, aber aus Mangel der evangelischen Candidaten mögen ebenfalls wie in der Oberlausitz Handwerksleute die lesen, schreiben konnten, und nothdürftige Kenntniß des lutherischen Catechismi hatten, genommen worden seyn. Die von D. Luthern und auch andern aufgesetzte evangelische Lieder, die dann auch in das Wendische übersetzt wurden, waren vielen Wenden sehr angenehm, und ein Lied ward von ihnen Karlisch genannt. Der Ursprung dieses Namens soll daher kommen: Als der Bischof Blaso zu Merseburg die Litaney wendisch übersetzt, und den Wenden vorsingen lassen, sie aber das griechische Wort: Kyrie Eleison, nicht recht aussprechen konnten, sondern Karlisch aussprachen, so haben alle Lieder den Nahmen Karlisch, bekommen. Die beyden Lieder: Vater Unser im Himmelreich ꝛc. und: Es ist das Heil uns kommen her ꝛc. sollen zu erst von Simon Gast, Capellan zu Lübben übersetzt worden seyn. Die übersetzten Lieder lernten die Wenden auswendig, um sie nicht nur beym öffentlichen Gottesdienste, sondern auch zu Hause zu singen. Vorzüglich aber wurden sie bey der Fastenzeit des Abends und zu Ostern des Nachts, nach Art der Vigilien, d. i. der nächtlichen Lieder und Gebete bey den ersten Christen ihren Gesängen, angestellt. Um nun der Kirchen und Religionsveränderung einen guten Fortgang zu verschaffen, und die Sache in bessere Ordnung zu setzen, ließ Marggraf Johann 1540, heilsame Verordnungen ergehen: wie es mit der Kirche, Hospital ꝛc, und überhaupt mit der guten Ordnung und Kirchenzucht gehalten werden sollte. Aus diesen

Verord-

Verordnungen sieht man, wie schlecht es damals noch mit der Feyerung des Sabbaths gestanden. Es wurden dahero darinnen vorzüglich folgende Punkte eingeschärft: • daß Sonn- und Festtage den ganzen Tag über, gefeyert werden sollen ꝛc. Während des Gottesdienstes sollen Thore und Schlagbäume geschlossen seyn: desgleichen auch, daß mit dem übriggebliebenen Weine beym heil. Abendmahle kein abergläubischer Mißbrauch getrieben werden solle ꝛc. Nach D. Luthers 1546 erfolgtem Tode, entstanden zu Wittenberg allerley Irrungen, dabey Phil. Melanchton, der viele Anhänger hatte, in Verdacht kam, als ob er von der 1530 übergebenen Augsburgischen Confeßion abwiche, und den Lehrsätzen der Reformirten, die Stange hielte. Unter den Predigern des Cottbusichen Kreises waren auch wirklich einige, die von der Augsburgischen Confeßion abwichen, und Luthers Lehrsätzen entgegen waren. Solches zeigte sich vornehmlich 1577 da alle Kirchen- und Schullehrer in Cottbus und auf dem Lande nach Cüstrin beschieden wurden, die sogenannte Formulam Concordiæ, die als eine neue Bestätigung der Lutherischen Glaubenslehre anzusehen war, zu unterschreiben. Matth. Tuisco oder Deutschmann, Archidiakonus am Kloster zu Cottbus, und George Tiska, Prediger zu Madlow, machten gewaltige Schwierigkeiten, und wollten sich nicht unterschreiben. Der damalige Inspektor zu Cottbus, D. Johann Tekler, trat nun wider diese auf, und sagte besonders zu Deutschmann, welcher stets und fest auf seiner Meinung blieb: Wenn er nicht mit ihm in gleichem Glauben stünde, so könne er auch nicht mit ihm im Amte stehen. Dieser Deutschmann wurde auch darauf seines Amtes entsetzt.

Die damals zu Cüstrin unterschriebenen Prediger der Cottbusischen Diöces in der Formula Concordiæ waren:

1) D. Johann Tekler Superintend.
2) Thomas am Ende, Archidiakon.
3) Andreas Praos, Diakonus.
4) Matth. Tuisko, Archd. im Klost.
5) Joh. Tekler, Diak. im Kloster.
6) Paul Jenchen, Pr. zu Lieskow.
7) George Tiska, Pr. zu Madlow.
8) Simon Berger.
9) Valentin Rießk
10) Christ. Sutorius, Pr. in Kalkwitz.

11) George Perlitius, Rekt. zu Cottb.
12) Peter Müller, Conrektor.
13) Paul Ziegler, Cantor.
14) Jakob Heland, Auditor.
15) Albinus Kolkwitz, Pr. in Peitz.
16) Urban Lippack, Diak. in Peitz.
17) Balth. Pelischk, Rekt. in Peitz.
18) Dan. Woresch, Pr. in Kolkwitz.
19) Joh. Mörling, Pr. in Papitz.
20) Wenzeslaus Kuba.
21) Joh. Buk, Preb. in Briesen.
22) Wenzl. Hoschki, Pr. in Kahren.
23) Lucas Büttner.
24) George Wehlan.
25) Alexius Pelarjus.
26) Clemens Clementis, Preb. in Leuthen.
27) Joh. Krüger, Pr. in Laasow.
28) Gallus Glauka.
29) George Blasius, Pr. in Dissen.
30) George Ziegler.
31) Joh. Kohlhayn.
32) Daniel Franzisci, Prediger in Jenischwalde.
33) Jakob Fabian, Pr. in Schorbus
34) Johann Mönius, Predig. in Großdöbbern.

Anmerkung: In der gedruckten Formula Concordiæ steht bey keinem unterschriebenen Geistlichen der Ort und die Stelle seines Amts. Deshalb habe ich mir die Mühe genommen, bey jeder Kirche hiesiger Diöces die Lehrer zu erfahren, wenn, und wie lange sie ihrem Amte vorgestanden? — Bey dieser Untersuchung bin ich in Stand gesetzt worden, bey den meisten, den Ort wo sie im Amte gestanden, hinzuzusetzen. Von 9 Personen habe ich noch bis jetzt dies Fehlende nicht mit Gewißheit ausforschen können, weshalb ich auch den Ort ihres Amtes nicht beysetzen konnte.

Um nun alles besser in Ordnung und Ruhe zu setzen, verordnete der Churfürst Johann George 1579 den 17 März zu Cottbus eine Kirchenvisitation, zur Erhaltung des Evangelii und des rechten Gebrauchs der Sacramenta. Die Commißarien hiebey waren: 1) Andreas Musculus, D. und Professor zu Frankfurth, und Generalsuperintendent der Mark Brandenburg. 2) Bartholomäus Rabmann. 3) Ekard Lippmann. 4) Michael Neumann, worzu auch der Hauptmann Barthold. von Mon-
deslaw

beslaw zu Cottbus, gezogen wurde. Diese Visitation hatte zu untersuchen: wie es mit den Kirchendienern, Zuhörern, mit dem grossen und kleinen Kirchenkasten, mit der Schule und Hospital stünde; ob die Lehrer in den vornehmsten Glaubensartickeln wohl gegründet, und keiner, einer andern Sekte zugethan sey? — Die Commißarien hörten hierbey mit Freuden, wie Lehrer und Zuhörer mit einander einig, und einer dem andern das beste Zeugnis gab. Es wurden nun die Einkünfte eines jeden Lehrers an Kirchen und Schulen niedergeschrieben, und für jeden eine Matrikul aufgesetzt. Für die Geistlichen in der Stadt wurde beschlossen, wenn es die Kirchenkaße zuließe, ihre Einkünfte zu verbeßern, so, daß Jeder, so viel Thaler als er vorhero Gulden hatte, vom Dato an, haben sollte. Dem Inspektor wurde auch dabey eine Zulage von 10 Thalern zuerkannt. Anbey wurde auch wegen der Predigten verfügt: daß jeder Prediger des Sonntags vor Ablesung der Evangelien auf der Kanzel, ein Stück aus dem Catechismo mit dessen Erklärung ablesen, und nach verlesenem Evangelio, die Predigt halten sollte.

Als endlich das 17te Jahrhundert eintrat, so ereigneten sich viele Dinge, die einen großen Einfluß auf die Religion hatten. Zuerst trat zu Görlitz der bekannte Schuhmacher Jakob Böhme, mit seinen seltsamen Schriften auf, dadurch auch hier mancher auf wunderliche Gedanken und Meinungen gebracht worden seyn soll: So wie in verwichenen Jahren manche Lehrer sich als Anhänger der reformirten Lehrsätze zeigten, so waren in diesem 17ten Jahrhundert, manche gar zu heftige Widersacher derselben, die nicht nur in ihren Predigten gewaltig über die Reformirten eiferten, sondern auch in manchen geringen Dingen gar nichts nachgeben wollten. Dahin gehört besonders der Exorcißmus bey der Taufe. Es hatte sich den 25 Decembr. 1613 der Churfürst Johann Siegismund zu Brandenburg öffentlich für die reformirte Religion erklärt, mit der Versicherung: den lutherischen Glaubensgenoßen keinen Eintrag in ihre Religion zu thun: doch aber sollte kein Lutheraner auf die Reformirten eifern, und es sollte auch ein lutherischer Prediger den Exorcismum bey der Taufe auf Verlangen der Gevattern, auslassen können. Diese Punkte giengen vielen Predigern schwer ein,

da sie zu Wittenberg studirt, und des Lonhard Hutterl, eines heftigen Widersachers der Reformirten, Schüler und Anhänger waren. Die beyden Diakonen an der deutschen Kirche M. Martin Hencejus und David Müller, wurden am ersten auf die Probe gestellt, und weil sie den Exorcismus nicht auslassen wollten, wurden sie auf einige Wochen suspendirt. Eine gleiche Weigerung bezeigten auch 1680 die beyden deutschen Diakonen, Gottschalk und Pristaf, als des Amts Castners, Markus Blasendorfs Kind getauft wurde, und fielen deshalb wie jene, in gleiche Strafe. Ohngefähr 1615 ward die bisherige Freyheit, nach welcher sich jeder Candidat zu einem Predigtamte konnte ordiniren lassen wo er wollte, aufgehoben, und wurden alle, die an einem zur Neumark gehörigen Orte ins Predigtamt berufen würden, nach Cüstrin gewiesen. Es wurde aber dieses in den Kriegsunruhen, nicht so genau beobachtet. 1620 kamen aus der Schweitz die Erstlinge der reformirten Gemeinde nach Cottbus, und wurde ihnen auf dem Schloße ein Gemach zum Gottesdienste angewiesen, wo ihnen einigemal des Jahres, von einem Prediger ihres Glaubens aus Frankfurth geprediget, und das Abendmahl gereicht wurde.

Die Zeit des dreißigjährigen Krieges verursachte fast in allen Sachen gefährliche Folgen. Obgleich äußerlich die evangelische Lehre aus Haß gegen das Pabstthum hochgehalten, und auf alle Weise vertheidiget wurde, so war doch der Wandel, und das thätige Christenthum nichts weniger als evangelisch. Je größer die Noth des Krieges ward, desto größer wurden auch bey Vielen die Bosheiten, die in das Abscheulichste stiegen. Doch aber lehrte die Noth auch Manchen beten, und erkennen, daß Landplagen eine Strafe Gottes sind, und man sich deshalb unter die gewaltige Hand Gottes beugen müsse. Deswegen wurden 1630 Bußtage auf jedes Vierteljahr angeordnet. Die Kirchen erfuhren auch manchen Verlust an ihren Zinsen und Einkünften durch Brand, durch Hin und Herpacken und Räumen. Auf dergleichen Weise giengen manche Handschriften und Rechnungen verlohren. Bey Seuchen starben bisweilen ganze Familien aus. Viele Sterbende vermachten zwar an Kirchen und Hospital Etwas, aber es gieng vor der Zeit der Einnahme wieder verlohren. Dieser Ursachen wegen wurden 1638 u. 99

Com.

Commißionen angestellt, aber sie konnten doch nicht Alles herausbringen und in gehörige Ordnung setzen. Die Studien kamen in diesen bedrängten Zeiten auch in große Abnahme. Denn, weil viele Eltern an ihrem Vermögen sehr geschwächt und entkräftet wurden, so konnten sie ihre Kinder nicht studieren lassen. Dahero fehlte es endlich an Candidaten wenn ein Amt besetzt werden sollte, und blieben bisweilen oft lange Zeit kleine Amtsstellen offen, ehe sich Jemand fand, solche anzunehmen. Folgende Dinge, den geistlichen Stand betreffend, sind noch aus dem 17ten Jahrhundert hier anzumerken:

1) Daß 1688 auf hohe Landesverordnung verfügt wurde, daß jeder Prediger von seiner Parochie einen jährlichen Aufsatz, der Gebohrnen, Copulirten und Verstorbenen in das Consistorium einsenden sollte. Es hatte schon der Churfürst Johann George anbefehlen lassen: daß jeder Prediger ein genaues Verzeichnis der Gebohrnen, Copulirten und Todten halten sollte, aber durch Krieg und Pest, wurde auch dieses sehr verhindert, daher es durch einen neuen Befehl wieder eingeschärft werden muste. Und von dieser Zeit an, sind die Kirchenbücher allenthalben in beßere Ordnung gesetzt worden.

2) 1682 wurde durch den Inspektor Schindler zu Cottbus, die löbliche Anstalt getroffen, die hinterlaßenen Wittwen und Waisen der Prediger zu versorgen. Es wurde derselbe durch ein Consistorialschreiben vom 17ten Decembr. 1681 darzu ermuntert. In dieser Anstalt wurden folgende Punkte festgesetzt: 1) daß jeder Prediger jährlich 1 Thaler Beytrag geben sollte. 2) Soll das Geld bey dem Inspektor in Verwahrung seyn, und wechselweise 3 Adjuncti aus der Priesterschaft die Anstalten besorgen helfen. 3) Soll jede Wittwe nach dem Tode ihres Mannes 30 Thaler haben. 4) Solche 30 Thaler sollen auch, wenn schon die Mutter nicht mehr am Leben ist, die unerzogenen und unversorgten Waisen genießen. 5). Soll jedes Mitglied der Priesterschaft Dienstags auf dem Ostermarkte, zum Convent erscheinen, und jeder Wittwe, oder denen hinterbliebenen Waisen eines verstorbenen Mitgliedes 1 Viertel Korn und zwar 3 Jahr nach ein-

einander zugemessen werden; wo ihnen nicht durch Heyrath, oder eine andere bessere Gelegenheit geholfen wird. 6) Wenn eine Wittwe nach verflossenem Gnadenjahre wieder heyrathet, oder gar in der Pfarre bleibt, ist sie vom Korn und Gelde auszuschließen. Die unversorgten Kinder aber, sollen die 30 Thaler, doch nicht das Korn erhalten. 7) Wenn ein Mitglied wegziehet, aber dennoch mit seinem Beitrage fortfähret, so genießen seine Wittwe und Waisen Alles richtig. Hört aber der Beitrag auf, so sind auch seine Erben des Antheils verlustig. 8) Wenn eine Wittwe ihren Mann in der Grube durch Excesse beschimpfen sollte, so ist sie von allem Antheile ausgeschlossen. Die nachgelassenen Kinder aber, sollen treulich die 30 Thaler erhalten, und solche ihren Vormündern gegeben werden. 9) Wann ein Mitglied freyledig stirbt, so fällt der ganze Beitrag der Casse zu, und die hinterlassenen Angehörigen haben keine Anforderung daran. 10) Behält sich die Confraternität vor, wenn sich die Casse nach diesen Anstalten vermehrt, so soll das Beneficium für Wittwen und Waisen verbessert werden. Vorgedachte Punkte wurden den 19ten Oktober 1682 zu Cüstrin confirmirt und deßhalb aller Schutz versprochen: Jedoch dabey ausbedungen, a) daß die Gelder zu keinem andern Zwecke angewendet werden sollten. b) Allemal, wenn es dem Consistorio gefällig ist, Rechnung über Einnahme und Ausgabe an dasselbe einzureichen. 1699. geschah eine Generalkirchenvisitation, bey welcher unter andern auch die Kirchen-Matricula verbessert und in Ordnung gebracht wurden. Der Commissarius dabey war Franc. Dreyer.

V. Neuere Kirchengeschichte aus dem gegenwärtigen 18ten Jahrhundert.

1. Wie den Reformirten zu ihrem Gottesdienste eine Kirche angewiesen worden.

Als der König in Frankreich Ludewig XIV. auf Anstiften der Jesuiten die Reformirten in seinem Lande heftig verfolgte und aus dem Lande zu verbannen suchte, so gieng dies dem damaligen Churfürsten Friedrich von Branden-

Brandenburg nahe, er ließ daher unter dem 29sten October 1685, allen Reformirten in Frankreich eine sichere Freystadt in seinen Landen eröfnen. Es kamen auch viele Tausende und erhielten alle versprochene Gnade. Unter andern war ihnen auch versprochen worden: daß ihnen der Churfürst in jeder Stadt, wo sie sich niederlassen würden, einen Prediger halten, und einen gewißen Ort anweisen lassen wolle, wo sie in ihrer Sprache, ihren Gottesdienst verrichten könnten. In Cottbus wo sich einige Familien niederließen, ward ihnen anfänglich der Ort auf dem Schloße, wo die Schweizerischen Reformirten, derer wir im Vorigen gedacht haben, Gottesdienst hielten, angewiesen. Aber Anno 1701, den 11 Julii ward ihnen die 1671 abgebrannte Catharinenkirche in der Spremberigschen Gasse, durch den damaligen Landeshauptmann zu Cottbus, den Herrn von Brandt, feyerlichst überlassen. Obgleich schon anfänglich, da die Schweizerische Reformirten herkamen, ein Aufsehen war, und Viele einen gefährlichen Eintrag in die Lutherische Lehre besorgten, so wusten doch die Reformirten und ihre Lehrer sich so zu verhalten, daß immer die gute Eintracht nicht gestört wurde. Grosser zählt dieses mit Recht in seinen Lausitzischen Merkwürdigkeiten unter die besondern Proben der göttlichen Vorsicht Gottes für Cottbus. Diese gute Eintracht ist durch Verheirathungen unter einander immer noch mehr befestiget worden. Nicht nur in der Stadt Cottbus, sondern auch zu Peitz und auf dem Lande, sowohl im brandenburgischen als sächsischen Antheile, halten sich jetzt Reformirten auf, die zur Zeit der Communion in Cottbus zusammen kommen, weil hier die einzige reformirte Kirche in der Gegend ist. Ehedem waren zwey Prediger an dieser Kirche, einer predigte deutsch, und zu dem hielten sich alle Deutschreformirten, und der andere predigte französisch. Doch gieng 1757 nach dem Absterben des französischen Predigers Coudere, die französische Predigerstelle ein, und weil Alle noch Uebrigen von dieser Gemeinde Deutsch konnten, so hat der deutschreformirte Prediger allen Reformirten vorzustehen. Unten, bey der Nachricht von der Catharinenkirche, wird noch manches hieher gehörige vorkommen, wie ihre Kirche gebaut und eingeweiht worden ꝛc.

2) Der

2. Der Pietismus und Herrnhutianismus.

Wenn in den ersten Zeiten dieses 18ten Jahrhunderts Leute ihr bisheriges Leben änderten, sich zu frommen Leuten hielten, und mit ihnen zu singen und zu beten, zusammen kamen, so wurden sie Pietisten genannt, und man glaubte sie dadurch zu tadeln. Doch aber hat dieser Tadel die schöne Bedeutung, daß es eine Befleißigung und Uebung der Gottseligkeit anzeigt, wie auch Paulus 1 Tim. 4, 7 dazu ermahnet. Mithin ist dieser Nahme mehr eine Ehre als Beschimpfung, und es wäre zu wünschen, daß alle Unbekehrten solche rechtschaffene Leute würden. Als der seel. Archidiakonus Busse zu Cottbus 1731 sein Amt angetreten hatte, und als ein treuer Lehrer seine Gemeinde zu erbauen suchte, stellte er nach dem Beyspiele einiger Lehrer an andern Orten, in seinem Hause Erbauungsstunden an, und hatte an seinem Collegen Ulfert, einen treuen Mitgehülfen. Bey einigen Zuhörern waren diese Erbauungen gesegnet, aber es mißbrauchten sie auch manche durch Heucheley. Als nun üble Vorstellungen von diesen Erbauungsstunden höhern Orts waren gemacht worden, wurden sie 1742 verboten. Doch gieng das angefangene Gute nicht ganz ein, sondern es kamen kleinere Gesellschaften zusammen, die sich im Singen, Beten und andächtigen Unterredungen vom Christenthume einander erbauten. Da der Nahme Pietismus eine Zeit lang gebraucht worden war, so kam der Nahme Herrnhuter auf. Wenige Jahre vorher hatte der Graf Zinzendorf in der Oberlausitz eine Colonie angelegt, und ihr den Nahmen Herrnhut, d. i. die unter der Huth und Schutz Gottes des Herrn, gegeben. Hier kamen aus Mähren und andern Orten, Viele, welche wegen der evangelischen Lehre verfolgt wurden, zusammen, sie hatten den Nahmen mährische Brüder, und machten sich in Herrnhut ansäßig. Sie suchten sich durch das Feuer ihrer Andacht in der Gottseligkeit zu üben. Diese Erweckten, fanden auch in hiesiger Gegend vielen Beifall, und Manche reißten dahin, diese Brüder des Glaubens und ihre Anstalten näher kennen zu lernen. Nach diesem Beispiel kamen die Erweckten hiesiger Gegend öfters zusammen, und man erweckte unter ihnen einen Hang und Neigung gegen einander. Es ist fast kein Dorf, wo nicht Anhänger von ihnen anzutreffen wären. Dieses verursachte, daß man zu verschiedenen malen solchen Zusammenkünften zu steuern suchte. Vornehmlich haben 1782 diese Befehle verursacht, daß diese Erweckten, in manchen Dingen, die man bishero an ihnen aussetzte, behutsamer wurden. Seit einigen Jahren wird in dem sächsischen Dorfe Limberg, nahe bey Cottbus, dem v. Löben gehörig, alle 4 Wochen eine Zusammenkunft gehalten, in welcher von dem Zustande der Erweckten Nachricht gegeben wird. Wie in den besten Gesellschaften der Menschen auf Erden sich Unlautere finden, welches auch damals schon Jesus erfahren, da er unter seinen zwölf nähsten und vertrautesten Jüngern, einen unlauteren Petrus und Judas hatte, so darf man sich nicht wundern, wenn auch unter denen Erweckten jetziger Zeit, manche Heuchler sind. Doch Gott kennt die Seinigen. — Man urtheilt von diesen Leuten manches, doch ist das beste und sicherste Urtheil, wenn man sich nach Jesu Lehre, Matth. 13, 28 richtet. Als die Jünger das Unkraut aus dem Waizen ausrotten wollten, sagte Jesus: Nein, laßt beydes aufwachsen bis zur Erndte, da soll Alles gehörig abgesondert werden. Eine gleiche Ermahnung giebt auch Paulus 1 Cor. 4, 4: Richtet nicht vor der Zeit, bis denn ich komme 2c.

3. Reformationsfeste.

1) 1717 den 31sten Octobr. ward wegen der 1517 entstandenen Reformation ein feierliches Fest angestellt. Der Inspector Loskan, welcher zu der Zeit hier im Amte stand, hat davon eine ausführliche Beschreibung in Druck gegeben, die mir aber nicht zu Händen gekommen ist.

2) 1730 den 25sten Januar (Dom. 3 p. Trinitatis) ward wiederum ein Jubelfest, wegen der vor 200 Jahren dem Kaiser Carl V. übergebenen Augspurgischen Confeßion, gefeyert. Auf hohen Befehl musten die Reformirten dieses Fest mit feyern. Früh um 3 Uhr wurde auf dem Thurme der Oberkirche musicirt. Als die Hauptpredigt angieng, hielten Magistrat und Ministerium ihren Einzug in Prozeßion vom Rathhause an zur Kirche, dabey wurde das Lied: Es ist das Heil uns kommen her, gesungen.

gen. In der Hauptpredigt wurde auf Anweisung des Inspect. Fabricius über Röm. 1, 16, und in der Nachmittagspredigt über Ebr. 13, geprediget. In beyden Predigten ward musicirt und das Te Deum ꝛc. gesungen. Auf den darauf folgenden Dienſttag ward von dem Rektor Ruhm, ein Aktus in der Schule angeſtellt.

2) 1737 den 2ten Junii, wurde das dritte Jubelfeſt, zum Andenken der vor 200 Jahren geſchehenen Introduction der beyden erſten evangeliſchen Lehrer, Lubekus und Mantellus, gefeiert. Vor der Hauptpredigt gieng die Schule in Prozeßion vor das Rathhaus und ſang einige Lieder. Alsdan gieng der Magiſtrat, das Miniſterium und die Bürgerſchaft in Prozeßion in die Kirche. Es wurde im übrigen der Gottesdienſt eben ſo feyerlich begangen, wie damals das vor ſieben Jahren eingefallene Jubelfeſt gefeyert wurde.

4. Die Ankunft der Salzburger.

In dem Erzbißthume Salzburg wurden 1732 der Religion wegen 20000 Lutheraner vertrieben, ſo wie es ſchon 1684 ihren Vorfahren ergangen war. Dieſe armen Leute muſten nun in andern Ländern ihren Schuz und Aufenthalt ſuchen, und kamen einige Hundert von ihnen nach Cottbus. Ihre Ankunft und Einzug geſchahe in folgender Ordnung:

Den 13ten Mai 1732 meldete ein Bothe von Spremberg ihre Ankunft an. Den folgenden Tag wurde eine Collekte für ſie geſammlet, welche 315 Thaler 4 Gr. 1 Pf. ausmachte, und ward ihnen ſolche durch zwey Magiſtratsperſonen nach Spremberg entgegen geſandt. Den 16ten Nachmittags um 3 Uhr näherten ſich dieſe Emigranten der Stadt, ſie hatten ſchöne Pferde und wohlbeladene Wagen mit. Bey den äußerſten Weinbergen an der Sprembergiſchen Straſſe wurden ſie vom Magiſtrat, der Geiſtlichkeit, Gerichten, Ausſchuß und Viertelsmeiſtern bewillkommt. Es wurden dabey die Lieder geſungen: Es woll uns Gott genädig ſeyn, ꝛc. und: Liebſter Jeſu wir ſind hier ꝛc. Darauf hielt der Inſpector Fabricius eine Anrede an ſie. Nach deren Endigung wurde wieder geſungen:

Von

Von Gott will ich nicht laſſen ꝛc. Eine feſte Burg iſt unſer Gott ꝛc. Wer nur den lieben Gott läßt walten ꝛc. Herr Gott dich loben wir ꝛc. Wär Gott nicht mit uns ꝛc. Nun danket alle Gott ꝛc. Unter dieſen Geſängen geſchah ganz langſam der Einzug. Gegen Abend ſchickte der Herzog zu Spremberg noch 5 ſolcher Emigranten mit Extrapoſt nach. Den 17ten Auguſt wurde ein öffentlicher Feyertag angeſtellt. Die Frühpredigt hielt der Archidiak. Blümel über Matth. 10, 32. Die Hauptpredigt der Inſpector Fabricius über Pſ. 22, 24, und die Veſper der Diakonus Buſſe über Marc. 10, 24 — 30. Es wurden folgende Lieder geſungen: Trau nicht ſo ſehr mein Herz ꝛc. und Gott iſt mein Licht, der Herr mein Heil, ꝛc. wurden beſonders gedruckt, und an den Kirchthüren zum Beſten der Salzburger verkauft. Sie wurden in der Stadt einquartirt, und jeder Bürger übernahm die ihm angewieſenen Gäſte mit Freuden, und erzeigte ihnen die liebreichſte Verpflegung. Den 18ten Auguſt früh um 8 Uhr geſchah ihr Abzug, und ward vorhero auf dem Markte das Morgenlied: Gott des Himmels und der Erden, geſungen. Darauf wurde von dem Archidiakonus Blümel eine Abſchiedsrede über 2 Petr. 3, 18, und Pſ. 72, 15, gehalten. Nachhero geſchahe der Abzug unter dem Geſange: Von Gott will ich nicht laſſen ꝛc. und: Befiehl du deine Wege ꝛc. In der vorhergehenden Nacht, war eine Frau von dieſer Geſellſchaft, mit einem Sohne entbunden worden, zu deſſen Taufzeugen der Amtmann Ferarie, der Magiſtrat und andere anſehnliche Perſonen erbeten wurden. Als ſich dieſe Emigranten noch in Spremberg aufhielten, ließ der Herzog daſelbſt 100, und die Herzogin 50 Perſonen ſpeiſen, und die unter ihnen, über 12 Jahr alt waren, bekamen Jeder 8 Groſchen, und die unter 12 Jahr waren, 4 Gr. zum Reiſegelde.

5. Die Catechiſationen und Schulanſtalten.

(Was hier gemeldet wird, geht bloß die Landſchulen an.)

Wenn wir die Geſchichte des verwichenen 17ten Jahrhunderts durchgehen, ſo finden wir, wie es um den Unterricht der Jugend, vornehmlich auf dem Lande, ſchlecht ausgeſehen. Es wurde ſchon für hinlänglich gehalten,

gehalten, wenn ein Kind zum H. Abendmahl vorgestellt wurde, wenn es auch nicht schreiben und lesen, sondern nur das Vater Unser, und die Hauptstücke des Catechismus auswendig hersagen konnte. In diesem 18ten Jahrhundert sind aber beßere Anstalten vorgekehret worden. Die Kinder in den Schulen auf dem Lande, werden nicht nur im Lesen, Schreiben und auch zum Rechnen angehalten; sondern sie müssen auch zu den Predigern in das Examen geschickt werden, worzu noch überdies fast auf allen Dörfern besondere Catecheten angesetzt werden. Vielen Eltern schien dies sehr seltsam zu seyn, daß ihre Kinder mehr lernen sollten wie sie selbst gelernt hatten. In Cottbus ist 1700, den 25sten Julii angefangen worden, des Sonntags nach der Vesper, Examen zu halten. Es sollte nach diesem Beyspiele auch auf dem Lande ebenfalls eingeführet werden, aber es wollte nicht recht in Gang kommen; bis es 1711 auf hohen Befehl eingeschärft ward, und zwar dergestalt, daß, wo ein Prediger ein Filial habe, so solle er stets an dem Orte, wo er zuletzt geprediget hat, auch das Examen halten. Und wegen des Schulgehens wurde verordnet: daß die Kinder wöchentlich Tag vor Tag zur Schule gehen sollten; und wenn sie ja des Sommers, wegen der nöthigen Hülfe, die sie ihren Eltern leisten müßten, sie nicht in die Schule schicken könnten, so müste es doch wöchentlich zweymal geschehen. Dieser Befehl wurde auch 1717 erneuert. 1720 ward befohlen: daß die Prediger fleißig über den Catechismum predigen, und der Jugend solchen deutlich machen und erklären sollten. Zu desto beßerer Beförderung der Sache kam auch 1726, der Befehl dazu: daß kein Kind eher sollte vorgestellt werden, biß es 14 Jahr alt sey, und die nöthige Kenntniß habe. Ja, es sollte auch kein Paar eher getraut werden, wenn es nicht lesen und sein Glaubensbekänntniß ablegen könnte. 1734 ward dieser Befehl aufs neue eingeschärft. Weil nun das kümmerliche Brod vieler Schulmeister zugleich mit Ursache ist, daß sie ängstlich und verzagt ihre Arbeit verrichten, so wurde 1736 eine Erhöhung des Schulgeldes in Vorschlag gebracht, aber dadurch fiel auf die Schulmeister der meiste Haß und Verdacht, und daher kam der gute Vorschlag nicht recht in Erfüllung. Da das gewöhnliche Schulgeld nur 3 Pf. ist, so kann sich davon kein Schulhalter ernähren, sondern er

muß

muß ein anderes Geschäfte dabey treiben, wodurch denn ganz natürlich der Eifer und Fleiß auf das edlere Geschäfte des Unterrichts der Kinder, getheilt, geschwächt, oder ganz erkaltet und gestört werden muß. Es kam deswegen 1722 schon der Befehl, daß nur bloß Schneider, Garnweber, Rademacher und Zimmerleute zu Schulhaltern sollten angenommen werden. Um den Kindern den Catechismus deutlicher zu machen, hat man allerley kleine Fragebücher ins Wendische übersetzt und den Kindern zum Lernen übergeben. Endlich wurde Fuhrmanns Heilsordnung eingeführt, welche auch noch bis jetzt überall im Gebrauch ist. Sonsten war es auch gewöhnlich, daß man nur 4 Wochen lang die Kinder durch das Hausexamen zur Vorstellung zuzubereiten pflegte, aber anjetzt wird von den meisten Predigern der ganze Winter dazu angewendet, weil eben zu dieser Zeit, die Kinder die wenigsten Abhaltungen haben, den Examen zu besuchen, damit um die Osterzeit, die tüchtigsten und geschicktesten Kinder zum Vorstellen ausgehoben werden können. In dem 1773 gedruckten Land-Schulreglement, worinnen alle bisherigen Befehle zur Aufnahme der Landschulen wiederholt werden, ward auch unter andern Befehlen festgesetzt: daß, wo es thunlich sey, ein besonderer Viehhirte gesetzt werden sollte, damit die Kinder nicht durch das Viehhüten von der Schule und Examen abgehalten würden. Da sich aber dieses fast nirgends thunlich fand, so blieb das Viehhüten, leider, – bis jetzt noch eine Verrichtung für die Kinder. Es wurde auch in diesem Reglement verordnet, daß die jungen freiledigen Leute des Sonntags sich examiniren, und dann sich von dem Schulmeister im Lesen und Schreiben nachhelfen lassen sollten. Und damit alles ordentlich zugienge, so sollten die Eltern zugegen seyn. Anbey wird ein erhöhteres Schulgeld bestimmt, aber wegen der Armuth vieler Eltern, gieng es damit schwer her. Deshalb sollte nun in diesem Falle bey ganz armen Kindern, das Schulgeld aus der Kirche genommen, und auch Collekten am Michaelistage, desgleichen auf Hochzeiten und Kindtaufen, gesammlet werden, um dadurch nothdürftig das Schulgeld zusammen zu schaffen. Um nun die Kinder recht zum Fleiß und Ordnung zu bringen, wurde den Schulmeistern aufgegeben, von allen Kindern, die zu ihrer Schule gehören, ein Verzeichniß aufzusetzen, und darinnen alle Kinder anzumerken,

welche

welche bereits 5 Jahr alt sind, und zur Schule gehen können, ingleichen auch die, welche wirklich gehen. Die Eltern, welche ihre Kinder nicht schicken, sollten mit Ernst dazu angehalten werden. Ueberdem sollte wöchentlich das Verhalten der Kinder angemerkt, und dem Prediger angezeigt werden, damit er dabey nöthige Erinnerungen machen könne. Endlich wurden 1767 gedruckte Schulcatalogi, und zwar für jede Schule 3 Stück, ausgetheilt, worinnen der Zustand jeder Schule, nach Verlauf eines halben Jahres vorgelegt, von dem Prediger durchgesehen, und von dem Inspektor in das Consistorium eingesandt werden muste. Es waren in diesem Catalogo folgende Fragen aufgeführt: Wer der Schulhalter und dessen Gehülfe sey? Was, und wie viel er Einkünfte habe? Welche Geschäfte er neben der Schule treibe? Ob dieselbigen die Schule hindern? An wie viel Orten Schule gehalten wird? Um welche Zeit die Schule angefangen und geschlossen wird? Wie vielmal des Tages Schule gehalten wird? Welche Lectionen jeden Tag getrieben werden? Ob Schulaufseher sind? Welches die Nahmen der fleißigen und unfleißigen Kinder sind? Welche Kinder gar nicht in die Schule kommen? Zuletzt eine Recapitulation der Fleißigen und Unfleißigen, und derer, welche gar nicht in die Schule kommen? Den Beschluß sollen die Anmerkungen des Predigers und des Inspectoris machen. Die 3 Stück der Catalogen wurden so vertheilt, daß einer in das Consistorium eingesandt, der zweyte bey dem Inspector, und der dritte bey dem Prediger bleiben sollte. Es gereicht dem hohen Königlichem Preußischen Hause auch vorzüglich dieses zum Ruhme, daß durch Dero hohe und weise Verordnungen, die Erziehung und der Unterricht der Jugend so sichtbar befördert wird. Dadurch ist auch schon bereis ein weit helleres Licht der Erkänntniß und Geschicklichkeit angezündet und verbreitet worden, als man in den vormaligen Zeiten bey weiten nicht gehabt. 1778 sollte auf allerhöchsten Königl. Befehl ein neues Lehrbuch, statt der Fuhrmannischen Heilsordnung eingeführt werden, aber es kam damit nicht zu Stande, weil sie nicht wendisch war.

Im Jahr 1787 wurde zuerst Fuhrmanns kleine Heilsordnung von dem Prediger Fritze an der wendischen Kirche zu Cottbus, ins Wendische übersetzt, sezt, und dabey die deutsche Uebersezung, zur Erleichterung des Unterrichts für die Schulhalter, die Jugend, in beyden Sprachen zugleich unterrichten zu können, beygefügt, herausgegeben, welche auch noch bis jezt, in den wendischen Landschulen im Gebrauche ist.

6. Der Gottesdienst auf Sonn- und Festtage.

In der ersten Hälfte dieses Jahrhunderts wurden noch viele Feste, so wie in andern evangelischen Orten und Landen gefeiert, bis 1754 durch Landesherrlichen Befehl verordnet wurde: daß auſſer denen 3 hohen Festen: Weyhnachten, Ostern und Pfingsten, die Vierteljährigen Buſſtage, der sogenannte grüne Donnerstag und Charfreytag, das Fest der Himmelfahrt Christi und der neue Jahrstag, wie es bishero üblich war, gefeyert werden sollte; der Michaelis und h. Dreykönigstag, sollten auf die nächstfolgenden Sonntage verlegt, alle übrige Feste aber eingestellt werden. Weil nun das Kirchmeßfest, welches stets auf einen Montag fällt, ebenfalls mit aufgehoben wurde, so gieng dies den Wenden erstaunend schwer ein. Indessen, obgleich die Predigt auf diesen Tag eingestellt ist, so sucht doch Jeder durch Essen und Trinken, nachdem es seine Umstände erlauben, das Fest zu feyern. Zudem ward auch verboten beym Pfingstfeste Mayen in die Kirchen zu setzen, weil die Holzungen dadurch sehr beschädiget würden. Ehedem waren mit solchen Mayen viele abergläubische Dinge getrieben worden. Im Jahre 1773 geschahe noch eine gröſſere Reduction mit den Festtagen; denn es wurden alle dritte Feyertage, auf Weyhnachten, Ostern und Pfingsten, desgleichen die Bußtage abgeschaft, statt dieser Bußtage, sollte nach dem Beyspiele des Versöhnugsfestes unter den Israeliten, jährlich nur ein Buß und Versöhnungstag allemal auf den Mittwoch nach Jubilate angestellt, und das Himmelfahrtsfest auf den nächsten Sonntag, den Sonntag Exaudi verlegt werden. 1789 ward unter der Regierung Friedrich Willhelms II. dies Fest wieder auf den Donnerstag zu feyern, anbefohlen. Was die Predigten anbetrift, so kam deswegen

1736 ein Befehl: daß keiner bey Strafe länger als eine Stunde predigen, dabey aller rednerischen Künsteleyen enthalten, und sich vielmehr nach den Mustern eines Jablonsky und Reinbecks richten, und auf eine deutliche und rührende Art den Text durchgehen sollte. Wegen der Priesterlichen Kleidung beym Gottesdienste, wurde 1737, sämtlichen lutherischen Predigern verboten, Chorröcke und Caseln umzunehmen, weil solches aus dem Pabstthum herstammende Ceremonien wären, desgleichen die Episteln und Evangelien vor dem Altare abzusingen. Diesen Befehl sollte jeder Prediger unterschreiben, und wer sich ein Gewissen mache, darinnen gehorsam zu seyn, könne seine Dimißion erlangen. Doch wurde 1740 bey dem Antritt der Regierung Friedrichs II. dieser Befehl wieder aufgehoben, und die Chorröcke freygestellt. Was aber das Absingen der Episteln und Evangelien betrift, so wurde dieses unterlassen, weil das Absingen manchem Prediger schwer fällt, und deshalben nicht wohl anzuhören ist. So wie in alten Zeiten, die Fastenzeit sehr üppig zugebracht worden, so waren noch in den ersten Jahren dieses Jahrhunderts, manche Ueberbleibsel davon vorhanden. Zum Beispiel, daß die jungen Leute mit Musik herumzogen, sich Geld, Eyer, Butter, Fleisch ꝛc. zusammen holten, und sich dabey in den Schenken lustig machten. Solchem Unwesen ist durch wiederholte scharfe Befehle auch gesteuert worden, daß dergleichen nicht mehr unternommen werden durfte. Im übrigen muß man den Wenden das gute Zeugniß geben, daß sie eine äußere Ehrerbietung gegen Gott, sein Wort und Hauß beweisen. So oft der Nahme Jesu gesprochen wird, nehmen die Männer ihre Hüte oder Mützen ab, und die Frauenspersonen neigen demüthig ihr Haupt. Es wäre auch bey manchen zu wünschen, daß sie nach der Ermahnung Jacobi, nicht nur andächtige Zuhörer, sondern auch rechte ernstliche Thäter des Wortes wären.

7. Von der Beichte und Communion.

Ehedem kamen diejenigen, welche zum heiligen Abendmahl gehen wollten, entweder des Sonnabends oder des Sonntags früh zum Beichtstuhl, beteten ihre Beichte, und erhielten nach wenigen Worten von ihrem

Beichtvater die Absolution. Weil aber dieses allzukurz abgefaßt, und es bey Manchen äußerst nöthig war, ihnen ein kräftigeres Wort der Erinnerung an das Herze zu legen, so wurde deswegen endlich die Einrichtung getroffen, daß des Sonnabends Nachmittags um 1 Uhr eine Vorbereitung gehalten, und die Beichtenden zur Erkenntniß ihrer Sünden, zur aufrichtigen Busse und zur ernstlichen Besserung des Lebens ermahnet wurden. Hiezu wurde zu Cottbus 1712 den 16ten Julii der Anfang gemacht, und diese Einrichtung auch nach und nach auf dem Lande eingeführt. Weil aber auf dem Lande manche Adelichen, und auch Andere, die nicht zum gemeinen Bauernstande gehören, sich in diese Einrichtung nicht fügen wollten, sondern eine besondere Vorbereitung, Beichte und Communion des Sonntags früh verlangten, so wurde es endlich durch hohe Verordnung so entschieden, daß alles frühe Beichten des Sonntags unterbleiben sollte; doch sollten die Adelichen, wo es sich thun ließe, eine Ausnahme haben. 1766 wurde wegen der Beichte folgende Ordnung anbefohlen: Es sollten alle Communicanten sich nicht nur vorher melden, sondern auch ihre Nahmen in ein Register eingetragen, und allemal beym Schluße des Jahres, die gesamte Anzahl der Communicanten, in die Tabelle eingeschrieben, und in das Consistorium eingereicht werden. Bey der Communion wurden 1737 die Lichter anzuzünden, wie auch die Einsetzungsworte abzusingen, verboten, welches aber nur bis 1740 dauerte, da dann Alles wieder frey gelassen wurde. Sonsten trat zum Genuße des heiligen Abendmahls nur 1 Person, seit dem siebenjährigen Kriege aber treten 2 Personen zugleich hinzu.

8. Von der Taufe und Kirchengange.

Welches Aufsehen in den vorigen Zeiten der Exorcismus, oder die Beschwörung bey der Taufe gemacht hat, davon ist bereits oben gedacht worden. Jetzt aber wird darauf nicht mehr so strenge gehalten. Gemeiniglich wird ein neugebohrnes Kind den dritten Tag nach seiner Geburt getauft. Diese heilige Handlung geschieht gewöhnlich in der Kirche, jedoch nach Befinden der Umstände auch im Hause. Es soll indessen nach der 1781 gegebe-

gegebenen Verordnung, keine Taufe auſſer der Kirche, ohne beſondere Conſiſtorial Erlaubniß vorhero nachgeſucht zu haben, geſchehen, welcher Befehl auch 1797 wiederholt wurde. Denen Kindern adelichen oder bürgerlichen Standes werden gemeiniglich zwey, bisweilen auch drey Nahmen beygelegt: bey dem gemeinen Manne iſt aber nur ein Name gebräuchlich. Die Zahl der Gevattern iſt nach den Landesgeſetzen auf F ü n f e erlaubt. Wer aber Mehrere bittet, hat dafür in die Kirchen- und Wittwencaſſe Etwas zu bezahlen; jedoch darf niemand auſſer denen Soldaten über 9 Gevattern bitten. Sechs Wochen nach der Entbindung, hält die Wöchnerin ihren Kirchengang, auf dem Lande aber, beſonders bey Sommerszeit, nur fünf Wochen aus. An einigen Orten iſt es gewöhnlich, daß der Prediger der Sechswöchnerin bis an die äuſſerſte Kirchthüre entgegen geht, und ihr dort den Seegen ertheilt, darauf ſie dann bis zum Altar feyerlichſt eingeführt wird. Bey dieſer Gelegenheit pflegen dann die weiblichen Gevattern, nebſt denen Müttern und Frauen, der männlichen Gevattern mitzugehen. Zu Cottbus aber iſt bey der deutſchen Gemeinde dieſe Mode ziemlich abgekommen, und gehen die Sechswöchnerinnen mit der Badenmutter nur allein, oder laſſen ſich bey Krankheiten zu Hauſe einſeegnen, und bezahlen das, was ſonſt nach altem Gebrauch die mitgehenden Gevattern geopfert.

9. Vom Aufgebot, Trauung und Eheſachen.

Wegen Verlobungs und Eheſachen, wurde ſchon 1694 eine Conſtitution angewieſen, wornach ſich jeder zu richten hätte, und daß man vornehmlich mit Vorwiſſen und Gutachten der Eltern, Vormünder ꝛc. nur dergleichen wichtige Handlung, vornehmen ſolle. Und hiernach hatte ſich jeder zu richten gehabt. Weil ſich aber dennoch dabey manche Schwierigkeiten fanden, wodurch die Conſtitution erſchweret wurde; ſo ward 1710 auf hohen Befehl bekannt gemacht: daß der König als Summus Epiſcopus in keinem Falle, der im göttlichen Rechte verboten iſt, diſpenſiren wolle, und daß der, welcher deswegen Anſuchung thun würde, hart beſtraft werden ſollte. Da aber gleichwohl einige Fälle vorkamen, die eine genauere Unterſuchung

tersuchung nothwendig machten; so wurde 1740 von dem Könige Friederich II. befohlen: daß alle Fälle, die nicht im göttlichen Rechte verboten sind, ohne desfalls erst Ansuchung zu thun, freygelassen werden sollten. Eben dieser König ließ 1763 nach hergestelltem Frieden, zum Besten derer Colonisten, die sich in sein Land begeben hatten, folgende Verordnung ergehen: Daß jeder Colonist, sowohl männlichen als weiblichen Geschlechts, an Statt des Aufgebotsscheins aus seinem Vaterlande, einen Eyd bey dem Prediger, bey welchen er sich copuliren lassen will, ablegen solle, daß er mit niemanden in einem Ehebündniß stünde, noch verheyrathet sey. Auf diesen aufgeschriebenen und unterschriebenen Eyd, solle der Prediger nach dreymaligem Aufgebote wie gewöhnlich, solche Leute trauen. Das Aufgebot muß dreymal, drey Sonntage nach einander geschehen. Wer nur zweymal aufgeboten seyn will, muß solches im Consistorio nachsuchen. Wer aber ein für allemal aufgeboten zu werden verlangt, muß solches unmittelbar bey Ihro Majestät dem Könige selbst auszuwürken suchen, und dafür 24 Thaler an die Bibliothek bezahlen. In der Advents und Fastenzeit steht es niemand frey, sich trauen zu lassen, wofern es nicht wegen wichtiger Ursachen vom Consistorio erlaubt, und nachgelassen wird. Die Ceremonien bey Hochzeiten waren in vorigen Zeiten, nicht nur in den Städten, sondern auch auf dem Lande sehr groß. Man zog unter Musik und in Prozeßion zur Kirche. Es pflegten besonders vor der Braut zwey kleine Mägdchen im Haarputze voran zu gehen. Die Männer giengen in schwarzen Kleidern und Mänteln. Eben so giengen auch die Frauenspersonen in schwarzer Tracht. Nach geschehener Trauung gieng der Zug wieder in der Ordnung in das Hochzeithaus, und es wurde öfters drey Tage lang geschmauset. Im vorigen Jahrhundert war es auch Gewohnheit, daß sich die Schulcollegen als Hochzeitbitter und Platzmeister gebrauchen ließen, welches aber, da sie in manche Unordnung verwickelt wurden, auf Consistorialbefehl aufgehoben wurde. Auf den nächsten Sonntag nach der Trauung, wurden wieder grosse Solennitäten veranstaltet. Heut zu Tage sind diese Ceremonien in der Stadt gar nicht mehr Mode. Die schwarze Kleidung aber pflegt noch bey gemeinen Leuten im Gebrauch zu seyn. Viele kommen in Begleitung von

vier

vier Männern in die Kirche, und manche lassen sich auch zu Hause trauen, doch muß auch dieses mit Erlaubniß des Consistorii geschehen. Auf dem Lande werden noch mehrere von den alten Ceremonien beybehalten, zum Beispiel, daß die Hochzeitgesellschaft mit Brautjungfern und Musik in die Kirche zieht. Abends pflegen die freiledigen Mägdchen unter den Fenstern des Hochzeithauses zu singen, und den nächsten Sonntag darauf, geht der neue Ehemann mit seinen Junggesellen, und die neue Ehefrau mit ihren Brautjungfern in die Kirche. Ohne, was sonst noch hier und da, von alten Ceremonien beibehalten und gemacht wird.

Unter diesen Titel von Ehesachen gehört auch die Ehescheidung. Da der König Friedrich einsah, daß, da bey manchen unglücklichen Ehen keine Einigkeit zu erhalten war, sondern daß das Unheil unter solchen Leuten immer größer wurde, so bevollmächtigte er die Consistoria in seinen Ländern, nach Befinden der Umstände, solche uneinige Leute zu scheiden. Da aber viele uneinige Leute diese Gelegenheit mißbrauchten, und ohne hinlängliche Ursachen die Consistoria beschwerten, so muste diese in etwas eingeschränkt werden.

10. Von den Begräbnissen und Ceremonien babey.

Ehedem giengen bey den Leichen in der Stadt, nicht nur Manns, sondern auch Weibspersonen in Prozeßion hinter dem Sarge her. Anjetzo aber begleiten bloß Mannspersonen die Leiche. Auf dem Lande aber folgen auch noch bis jetzt die Frauenspersonen nach. Auch war die Gewohnheit, daß vor der Schulenprozeßion ein Currendaner mit einem langen Kreuz vorangieng. 1719 ward dieses aber als eine abergläubische Ceremonie untersagt, dafür waren aber die Leichenpredigten in der Stadt destomehr im Gebrauche; so wie sie noch bis jetzt auf dem Lande, besonders, wenn ein Wirth oder Wirthin stirbt, beybehalten werden. Eine Leichenpredigt mit Personalien, heißt zelle Prátkowańe, d. i. eine ganze Predigt. Eine Parentation heißt, Pol Prátkowańe, d. i. eine halbe Predigt. Wenn aber bloß gesungen, und bey dem Grabe eine Collekte gebetet wird, so heißt das,

Vigliamt

f. Vigliami, d. i. mit Gesang. Zu Cottbus pflegt ein Schüler bey dem Grabe, wenn das Lied: Nun laßt uns den Leib begraben ꝛc. die Antwort im Nahmen des Verstorbenen zu singen. Seit einigen Jahren ist es auch gebräuchlich, daß die Leichenbegleiter in Chaisen nachfahren. Desgleichen werden auch verstorbene Kinder im Wagen zu Grabe geführt. Auf dem Lande ist der Gebrauch, daß, wenn das Grab zugemacht, und das Kreuz aufgestellt wird, so knieen die Leichenbegleiter um das Grab auf die Erde nieder, und beten unter dem Betglockenschlage ein stilles Vater Unser Ausser dem wird auch an einigen Orten bey dem Grabe, von dem Prediger im Nahmen des Verstorbenen eine Abschiedsrede gehalten, und denen Begleitern für die letzte Liebe Dank abgestattet. Sonsten wurde auch bey dem Grabe nochmals der Sarg eröfnet, und die Leiche besehen. Dieses wurde aber 1771 verboten.

11. Von der Kirchenbusse.

Wann bey unsrer Vorfahren Zeiten, sich Jemand hart vergangen, und der Gemeinde als ein Dieb, Ehebrecher, oder grober Verächter des heiligen Abendmahls, ein Aergerniß gegeben hatte; so muste er zur Strafe Kirchenbuße thun. 1656 wurde zu Cottbus ein Bürger also bestraft, weil er in 8 Jahren nicht zum heiligen Nachtmahle gewesen war. Es wurde sein Nahme und sein Vergehen von der Canzel verlesen, er selbst aber, durch den Gerichtsdiener während des Gottesdienstes zweymal, mitten durch die Kirche geführt. 1702 am Sonn. Quasim. geschah dasselbe an 3 Bürgerssöhnen, weil sie am abgewichen Osterfeste unter dem Gottesdienste Karte gespielt hatten. Diese Strafe der Kirchenbuße wurde 1717 durch hohe Verordnung aufs schärfste von neuen anbefohlen, daß darauf genau gehalten werden sollte, und daß jeder, als ein grober Sünder, welcher der Gemeinde ein so großes Aergerniß gegeben, er sey wes Geschlechts, Standes, Alters, Ehre oder Handthierung er immer wolle, so sollte und müste er doch, öffentliche Kirchenbuße und Abbitte thun, und dürfte nicht eher zum heiligen Abendmahl gelassen werden, bis er auf diese Weise sich mit der Gemeinde, der er ein solches Aergerniß gegeben hat, wiederum ausgesöhnet habe. Jedoch

doch wurde dieser strenge Befehl 1746 aus der Ursache wiederum aufgehoben, weil die Gemüther durch solche schimpfliche Strafe noch mehr erbittert, und zu noch grössern Vergehungen und Aergernissen gereizt und aufgebracht würden. An statt dieser Strafe, sollte jeder Prediger dergleichen Personen, mit Zuziehung einiger andern Personen vor sich fordern, ihnen in deren Gegenwart ihr Vergehen und Unrecht vorstellen, und sie dabey ernstlich warnen und zur künftigen Beßerung ermahnen.

12. Kirchenvisitationen.

Die Kirchenvisitationen wurden nach dem Beispiel, der im vorigen Jahrhundert in der Mark angestellten Visitationen, auch 1722 in Cottbus und in andern, zur Neumark gehörigen Kreisen eingeführt. Zu Madlow wurde den 23sten Nov. dieses Jahrs damit der Anfang in hiesiger Gegend gemacht. Die Absicht dieser Visitationen war überhaupt, den Zustand der Religion und der Kirchen Angelegenheiten in guter Ordnung aufrecht zu erhalten, und dabey nach folgenden Dingen besonders Nachfrage anzustellen: Wie die Kirche beschaffen? — Wie es um der Kirche, um des Predigers und Küsters Einnahme, Aecker, Wiesen, und ihren Besoldungen stehe? — Was an Inventarienstücken vorhanden? — Wie der Lehrer, Lehre, Leben und auch derer Zuhörer Wandel beschaffen ist. — Diese Visitation muß alle drey Jahre einmal geschehen. Im siebenjährigen Kriege wurden sie aber wegen der Unruhen ausgesetzt.

13. Gnadenjahr und Circulairpredigten.

Weil die hinterlassenen Wittwen und Waisen der Prediger mehrentheils in schlechten Umständen zurück gelaßen werden; so hatte schon 1681 Gott das Herz des Churfürsten Friedrich Willhelms gelenkt, eine Versorgung für sie veranstalten zu laßen. Es ist dieser Sache bereits im Vorigen gedacht worden. Unter andern wurde zu ihrer Versorgung späterhin noch dies hinzugethan: daß nach dem Tode eines Predigers, deßen hinterlaßenen unversorgten Erben, ein Jahr lang die Einkünfte des Amts genießen sollten. Die Wittwe des Inspektor Schröders, hat zu erst dies Gnadenjahr genoßen. Damit nun die Verrichtungen eines solchen offenen Amtes, dennoch besorgt werden, so hat jeder Prediger im Kreise, einen Sonn-

nehmen müssen. Die übrigen nöthigen Amtsverrichtungen werden denenjenigen nächsten Nachbarn aufgetragen. 1715 ward die Einrichtung getroffen, daß jeder Prediger bey dem Todesfalle eines Mitgliedes aus der Confraternität, zwölf Groschen zum Begräbnißgelde einschicken sollte. 1786 wurde dieses aber auf einen Thaler festgesetzt. Die zu Cottbus wohnenden Wittwen genießen noch manche Königliche Gnade: vornehmlich die Stadtwittwen, welche in dem Wittwenhause ihren freyen Wohnsitz haben. Der Inspektor Fabricius brachte auch 1737, zum Besten der Wittwen in Vorschlag, ein sogenanntes Collegium Charitativum, dergleichen auch schon in Löbau befindlich war, einzurichten, worzu nicht allein Prediger, sondern auch andere Personen aufgenommen werden sollten. Diese ganze Gesellschaft sollte aus 150 Personen bestehen. Ein Jeder der eintreten wolle, sollte beym Eintritt 4 Thaler in zwey Terminen erlegen. Nach seinem Tode haben seine Erben, oder wen ers vermachen will, folgendes richtig zu erhalten: Wer im ersten Jahre stirbt, deßen Erben erhalten 25 Thaler. Wer im zweyten Jahre stirbt, erhält 50 Thaler. Im dritten 100 Thaler. Im vierdten 150 Thaler. Und so sollte von Jahr zu Jahr die Summa an 50 Thalern wachsen. So vortheilhaft auch diese Sache schien, so fanden sich doch nicht viel Liebhaber, und das ganze Werk nahm nicht einmal einen Anfang.

14. Von der wendischen Sprache und ihren Schicksalen.

Die wendische Sprache ist ehedem nicht nur in mehrerern Gegenden bekannt, sondern auch an Wörtern reicher gewesen. Man findet in manchen Handschriften alter Lieder rc. Wörter, die heutiges Tages ganz unbekannt werden, statt derer sind aus der deutschen Sprache Wörter hineingetragen, aufgenommen und denselben wendische Endigungen beygelegt worden. So viel ist auch indeßen gewiß, daß den Wenden viele Dinge in ihrem ersten morgenländischen Aufenthalte ganz unbekannt gewesen sind, sie haben solche erstlich in Deutschland gesehen, und solche mit deutschen Nahmen und Wörtern benennen hören: daher haben sie solche deutsche Worte auch angenommen und beybehalten. Obgleich diese Nation zu mancher Zeit, mit ihrer Sprache in Achtung gestanden, wie z. E. zu des Kaysers Carl IV. Zeit, so ist sie hingegen zu einer andern Zeit, desto verachteter gewesen. Ich will nur kürzlich anführen, was im gegenwärtigem 18ten Jahrhundert vorgegangen ist: Friedrich Wilhelm I. König in Preußen, suchte es durch oft wiederholte Befehle dahin zu bringen, daß diese Sprache gänzlich eingehen sollte. Zu dem Ende wurde 1714 befohlen: daß die Jugend in den Schulen, sorgfältig im Deutschen möchte unterrichtet werden, damit endlich die wendische Sprache ganz eingienge. Es sollte einmal deutsch, und dann wiederum einmal wendisch, geprediget werden. Ja, nach einem 1731 herausgegebenen Befehle, sollte kein Wende, wenn er nicht Deutsch könnte, copulirt werden. Weil aber dieser Befehl bey den ältern Wenden viel Schwierigkeiten veranlaßte, so ward derselbe nur auf diejenigen gezogen, welche 24 Jahr alt und darunter wären, und die von mehrern Jahren müste man in diesem Stücke übersehen. Endlich wurde 1735 den Predigern und Schulmeistern nachdrücklich aufgegeben, allen Fleiß anzuwenden, damit die deutsche Sprache eingeführt würde, und die wendische nach und nach gänzlich aufhörte. Ob nun schon solche ernstliche Anstalten zum Untergange dieser Sprache vorgekehrt wurden, so wollte es doch nicht gehen sondern die Wenden befleißigten sich destomehr, ihre Sprache, als eine theure Beylage zu erhalten. Beym Antritt der Regierung Friedrichs II. 1740, hörten die scharfen Befehle auf, und der neue König bezeigte sich gegen die Wenden, weil sie Ihm in Kriegszeiten gute Dienste thaten, sehr gnädig. Im siebenjährigen Kriege wurden die Wenden von den Feinden, welche sie oft besuchten, genöthiget, mehr Deutsch zu lernen und zu sprechen. Indeßen bleibt der Wende gerne bey seiner Sprache, und unterredet sich darinnen bey den Geschäften mit den Seinigen. Jeder wird auch merken, wenn er mit diesen Leuten in ihrer Sprache reden kann, daß er sie freundschaftlicher und williger findet, als wenn er Deutsch mit ihnen redet. So wie in der deutschen Sprache

mehrere Worte von dieser Art hier anführen. Es haben daher auch manche Lehrer für nöthig erachtet, den Wenden das göttliche Wort in ihrer Sprache recht bekannt zu machen, und durch Uebersetzungen erbaulicher Bücher, Lieder ec. etwas Gutes bey ihnen auszurichten. Da ein gelehrter Anonimus in seiner 1786 zu Görlitz gedruckten Cottbusischen Nachricht einen Catalogum derer Niederl. wend. Schriften bekannt gemacht hat, so weise ich meine Leser dahin, nähere Nachrichten einzuziehen. Zu diesen wend. Schriften gehört auch das 1796 von dem Prediger Fritze zu Cottbus herausgegebene Predigtbuch, wie auch deßelben Casualpredigt über den 1796 geschehen Brand zu Ströbitz. Auch ist nicht deßelben vortrefliche Ode in deutsch und wend. Sprache, über die 1797 geschehene fröhliche Zurückkunft unsrer Soldaten aus Pohlen, zu vergessen. So hat auch dieses Verfassers Bruder, der Prediger Fritze zu Kolkwitz, 1797 das alte Testament ins Wendische übersetzt, in Druck gegeben. Außer dem ist auch ein klein wendisches Gebetbuch gedruckt worden.

Zu den alten wendischen Schriftstellern gehören auch noch, 1) Albinus Möllerus, Pred. in Straupitz, der 1544 einen wend. Catechismum, ein Gesangbuch und eine Agende in Druck gab. 2) Andr. Tharæus, Pr. in Fredersdorf, hat 1610 einen wend. Catechismus und ein Enchiridion zur wend. Sprache geschrieben. 3) Joh. Choinanus, Pr. in Lübbenau, eine wend. Grammatik. 4) M. A. Frenzel, Pr. in Schönau bey Löbau, Voces linguæ Sorabicæ Lus. infer. welches als eine Concordanz gebraucht werden kann. 5) Ist Hauptmanns wendische Grammatik welche 1761 gedruckt worden, zu bemerken.

Ende des ersten Abschnitts.

Nachricht. Wenn gegenwärtige Kirchengeschichte von Cottbus bey einem geehrten Publiko gütigen Beyfall findet, so ist man entschlossen, die in dem gedruckten Plane angezeigten specielleren Nachrichten von jeder Kirche zu Cottbus, Peitz und auf dem Lande, und zugleich ihrer Lehrer, als den zweyten Theil dieser Geschichte fortzusetzen. Dieser zweyte Theil möchte wohl 10 bis 12 Bogen anfüllen, und bey den vielen zu verwendenden Kosten nicht unter 6 Groschen geliefert werden können. Liebhaber, welche diese Fortsetzung verlangen, werden gehorsamst gebeten, 6 Gr. als Pränumeration an mich nach Madlow bey Cottbus einzusenden.